UWE BOGEN

GOHT'S NO?

LIEBEN, LEBEN, LEIDEN IM LAND DER

SCHWABEN

Bibliografische Information der Deutschen Nationalbibliothek.
Die Deutsche Nationalbibliothek verzeichnet diese Publikation
in der Deutschen Nationalbibliografie; detaillierte bibliografische
Daten sind im Internet über http://www.dnb.dnb.de abrufbar.

© 2015 by Chr. Belser Gesellschaft für Verlagsgeschäfte GmbH &
Co. KG, Stuttgart,
für die deutschsprachige Ausgabe.

Redaktion: Dirk Zimmermann
Gestaltung und Satz: Manuel Kloker
Reproduktionen: Manuel Kloker / Baun PrePress, Fellbach
Gesamtherstellung: Print Consult, München

www.belser.de

ISBN: 978-3-7630-2714-9

FSC
www.fsc.org
MIX
Papier aus ver-
antwortungsvollen
Quellen
FSC® C084279

UWE BOGEN

GOHT'S NO?

LIEBEN, LEBEN, LEIDEN IM LAND DER SCHWABEN

belser

STUTTGARTER NACHRICHTEN

Schmackhaftes Lese-Menü

Was ich schätze an Uwe Bogen? Mein Journalistenkollege ist einer, der nah dran ist am Puls der Zeit. Und an den Menschen. Ein Mann, der aus dem Nähkästchen plaudert. Vielmehr plaudern lässt. Einer, dem sich die Stuttgarter anvertrauen. Weil sie wissen, dass er sorgfältig mit ihren Infos umgeht und sie nicht in die Pfanne haut. Sie eben respektvoller behandelt als manches Boulevardblatt. Ausgestattet mit einem nie versiegenden Interesse an der Stadt und ihren Menschen überrascht uns der Kolumnist der „Stuttgarter Nachrichten" mit immer neuen Geschichten aus dem Schwabenleben. Alle unterhaltsam erzählt und mit feiner Feder geschrieben. Das heißt: mit scharfer Beobachtungsgabe, beißender Ironie und viel Wortwitz. Das sind Zutaten für ein schmackhaftes Lese-Menü!

Seine Texte schmecken auch in seinem neuesten Buch *Goht's no? Lieben, Leben und Leiden im Land der Schwaben.* Köstlich, was wir da alles erfahren: Warum Frauen beim besten Stück nicht unbedingt an Männer denken.

Warum bei uns jeder eine Präsidentensuite mieten kann. Und warum ein Paradies wie Stuttgart auch seine (Paradies-)Vögel braucht. Nix „größter Spaßfriedhof Europas", wie die „Süddeutsche Zeitung" die Schwabenmetropole genannt hat. In Stuttgart – beweist Uwe Bogen – gibt's viel zu lachen. Es ist schön, hier zu lieben und zu leben, auch wenn man zwischendurch mal leiden muss! Verstecken müssen wir uns also nicht!

Danke, Uwe!

Markus Frank

Markus Frank
Redakteur beim SWR Fernsehen

„Goht´s no oder goht´s nemme?"

Böse Zungen außerhalb Baden-Württembergs behaupten, dass Lieben, Leben und Leiden für Schwaben Fremdwörter sind. Und nicht nur des Dialektes wegen. Es herrscht sogar die weitverbreitete Meinung, das gesamte Spektrum der schwäbischen Gefühlswelt bestünde nur aus „Honger ond Durschd". Dies würde stimmen, könnte der Schwabe es sich selbst aussuchen und gäbe es die Schwäbin nicht.

Die Antwort auf die provokative Frage, ob und was bei Schwaben geht und vor allem wie, kennen Sie frühestens dann, wenn Sie dieses Buch wieder aus der Hand legen. Und das wird nicht so schnell sein, außer Sie leiden an einer chronischen Selbstironie-Intoleranz. Denn was mein lieber Journalistenkollege und Schwabenkenner Uwe Bogen mit seinem scharfen Blick für Feinheiten in seiner für ihn typischen bissig-sympathischen Art uns hier ganz ungeniert verrät, birgt akute Suchtgefahr. Gegen diese erst einmal eingesetzte Sucht können auch die frechen Illustrationen von Manuel Kloker nicht helfen. Ganz im Gegenteil.

Vorworte leiden leider häufig darunter, überlesen zu werden. Deshalb sollen Sie für das Vorwortlesen auch belohnt werden. Ich verrate Ihnen schon vorab ein Geheimnis, welches unter uns bleiben muss und Ihnen als Lebenshilfe einen großen Vorteil im Alltag gegenüber den Vorwort-Ignoranten verschaffen wird: „Ebbes goht ällaweil!" Für Leser, die der schwäbischen Sprache nicht mächtig sind, heißt dies grob und vereinfacht übersetzt: Es führt immer ein Weg zum Ziel!

Vieeeeeel Lesevergnügen wünscht Ihnen

Ihr Heiko Volz
Äffle & Pferdle-Autor, Werbetexter,
Medienmacher und Marketingberater

SUBBR SACH
Schwäbische Freuden

10 's Gräbele
14 Das beste Stück
18 Dior not war
22 Was heißt VIP auf Schwäbisch?
26 Denn du bischd wundrbaaar, Herr!
29 Wie geil ist es, alt zu werden?
32 Das Paradies braucht seine Vögel

SECKL BLEEDER
Schwäbischer Ärger

38 Die Stadt hinter Zäunen
42 Ego-Googeln in Staugart
45 Wo Juchti jodelt
48 Was ist uns heute noch peinlich?
52 Shoppen auf Schwäbisch

OBACHA COOL
Die schwäbische Sprache

58 So en Bäbb!
62 Sind wir denn alle blödle?
66 Schwaben und Stinktiere
68 Dapferle
70 Typisch schwäbisch
74 Der Spaßfriedhof liegt
    in München-West

BLOSS G'SCHEIT ISCH AU DOMM
Schwäbische Erotik

78 Der Killesberg-Gigolo
82 Wer steht schon auf Spätzle-Sex?
86 Fremdgehen für alle
90 50 traurige Meter
94 Die Bikinifigur des Mannes

I GLAUB, DIR BRENNT DR KIDDL
Das schwäbische Weltstädtle

98 Für die Länge eines Quickies
101 Dein Herz hat keine Falten
104 Kathrin tanzt nicht mehr
108 Das amerikanische Toupet
110 Das Juwel von Stuttgart
114 Trolls Stadt
118 Schenkt faire Kondome,
    keine rote Rosen
120 Blümchen-Journalismus
124 Schöne Grüße an die Zukunft

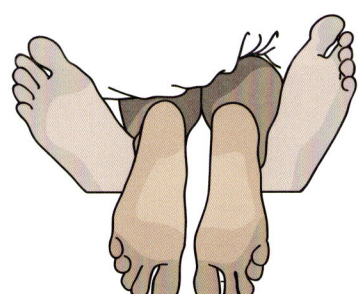

GOHT'S NO?

SUBBR SACH

SCHWÄBISCHE FREUDEN

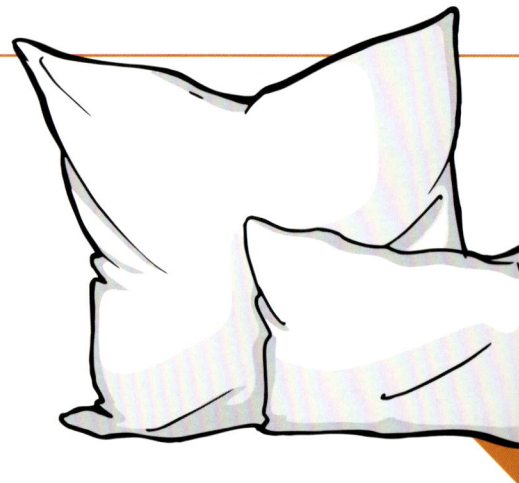

's Gräbele

„Komm, schlupf ens Gräbele!" Als Kinder ließen wir uns nicht lange bitten, wenn Oma erlaubte, ins vorgewärmte Nest zu steigen. Schlechte Träume waren sofort vergessen. Das schwäbische Wort „Gräbele", das auch im Badischen bekannt ist, steht für die Mitte des Ehe- oder Elternbetts und drückt vor allem eines aus: Geborgenheit.

„'s Gräbele!" Fragen Sie, liebe Leserinnen und Leser, mal einen Bayer oder Preußen, wie er dazu sagt. Bettritze ist deren Wort dafür. Wie hört sich das an, wenn ein Hamburger „Komm in die Ritze" sagt? Schon wird's jugendgefährdend. Die Ritze, mit den aufgemalten Frauenbeinen an der

Tür, ist eine St.-Pauli-Legende. Das schöne Wort „Gräbele" klingt heimelig und vertraut – beim Wort Bettritze aber wird jeder sofort alarmiert: Achtung, durchs Ehebett verläuft eine Grenze! Und zwar genau durch die Mitte! Wenn es um Stuttgart 21 geht, also um Streit, redet auch keiner vom Gräbele – ein Graben führt durch die Stadt.

„'s Gräbele". Auf den guten Ruf dieses schwäbischen Weltkulturerbes hat die Evangelische Landeskirche vertraut – und doch selbst bei Stuttgartern für Irritationen gesorgt. Um für die Kirchennächte des 35. Deutschen Evangelischen Kirchentags im Juni 2015 in Stuttgart

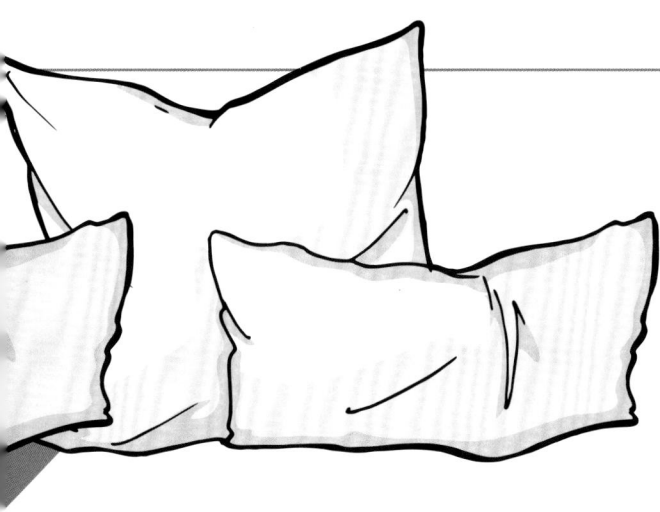

Privatquartiere zu finden, wurde die Aktion „Gräbele g'sucht" gestartet. Nicht überall hat man diese Bettgeschichte verstanden.

Eine Kollegin aus München, die so lange in Stuttgart lebt, dass sie das Wort „Gräbele" liebgewonnen hat, ärgerte sich immer, wenn sie die kirchlichen Plakate zur Bettkampagne sah. Sie ist nicht katholischer als der Papst. Aber was hat ein wildfremder Christ in ihrem „Gräbele" verloren? „'s Gräbele" ist ein höchst privater Ort, den man nur mit seinen Liebsten teilt. Die Organisatoren des Kirchentags wissen das und liefern daher, so oft es geht, die

Erklärung dazu, die nicht auf den Plakaten steht: Das „Gräbele" dürfe man nicht wörtlich nehmen. Es stehe dafür, dass man unkompliziert und kostenlos Übernachtungen anbietet. Ein Schlafsofa oder eine Liege im Wohnzimmer reichten völlig aus.

Schon 1999, als der Kirchentag zuletzt in Stuttgart weilte, wurde die schwäbische Gastfreundschaft gerühmt. An diese Tradition wollte man anknüpfen. Es könnte sein, dass es damals mehr „Gräbele" gab. Denn der Trend geht klar weg davon. Der Handel verkauft immer mehr Betten mit durchgängiger Matratze. Und das, obwohl Oma

warnte: Man brauche zwei Matratzen mit unterschiedlicher Härte! Bei einer übergroßen Matratze mit nur einem Härtegrad liegt der schwerere Mann tiefer, und die Leichtere rollt rüber. Vielleicht ist das aber auch so gewollt.

Manch einer versucht, jeden Tag die Matratzen zusammenzuschieben und mit den Spannbetttüchern zu fixieren – doch die Schlucht, die bleibt. Diesen Abgrund kann man mit Schaumstoffwürsten stopfen, die als „Bettritzenfüller" verkauft werden. So ein Bettritzenfüller ist der natürliche Feind des „Gräbele".

Wir Schwaben bestehen aufs Bewährte, gerade auch der dauerhaften Liebe wegen. Weil man dank der Zweiteilung der Schlafstätte den anderen niemals ganz haben kann, wird man ihn am Ende auch nicht verlieren. Es lebe das „Gräbele"!

Seid willkommen, Gäste dieser Stadt, auch nach dem Kirchentag! Schlaft gut auf unserem Sofa und in unserem Gästebett! Ob wir euch irgendwann „ens Gräbele" lassen – das werden wir dann schon sehen.

Im Werbebett für die Gräbele-Kampagne des Kirchentags: Marcella Adema (links) und Carien Keizer vom Musical „Chicago".

Das beste Stück

Eine Frau ist in der Lage, ihr bestes Stück jederzeit um die Schulter zu hängen und auszutauschen. In aller Regel gelingt dies Männern nicht. Dass eine Frau zu ihrer Handtasche, ihrer ständigen Begleiterin, ein inniges Verhältnis pflegt, als werde sie nur von ihr richtig verstanden, kann kein Mann nachvollziehen. Aber dennoch gibt es einige männliche Prachtexemplare, die mehr als andere für das Glück der Frauen tun.

Vincent Klink, seit 1991 Patron der „Wielandshöhe", ist so einer. Kürzlich war ich in seinem Restaurant mit diesem wunderbaren Panoramablick und staunte, als die Kellnerin mit einem kleinen Hocker anrückte. Wir hatten kein Kind dabei. Es war der Hocker für die Handtasche. Die soll auch nicht leben wie Waldi, muss auf Vincents Höhen nicht wie ein Hund auf dem Boden liegen.

Wer an einem Samstag zum ältesten Stuttgarter Sternekoch will, muss in der Regel ein halbes Jahr davor reservieren. Auf einen Donnerstag wartet man nicht ganz so lang. Auch an einem Donnerstag lässt sich der Küchenmeister in seinem Restaurant blicken. Obwohl dieser Tag sein Stresstag ist. Denn donnerstags ist er live im TV-Studio des „ARD-Buffets" in Baden-Baden und zeichnet danach seine Koch-Kunst-Sendung auf. Am Abend ist der Vielbeschäftigte wie immer bei seinen Gästen. Klink ist nicht nur Koch, sondern auch Literat. Wenn er seine Runde macht, findet er an jedem Tisch eine andere Geschichte.

Zum außergewöhnlichen Menü findet man in der „Wielandshöhe" Stoff zum Rätseln. Ist ein schönes Spiel beim auswärtigen Essen. Mit meiner Begleitung schaue ich möglichst unauffällig die Leute an den Nachbartischen an.

Vincent Klink, seit 1991 Patron der Wielandshöhe in Stuttgart.

Dann erzählen wir uns gegenseitig deren Lebensgeschichte. Bei Vincent Klink werden die Sinne und die Fantasie angeregt.

Eine Familie am Fenster sieht aus, als wolle sie zur Versammlung der Kleingärtner. Vater und Sohn tragen Jeans und Karopullover, was in dieser Umgebung exotisch wirkt. Auch Mutter und Tochter sind rustikal gekleidet. Keinen stört es. Nein, die Mutter ist nicht der größte Klink-Fan, der unbedingt mal den TV-Koch in echt sehen wollte. Dann hätte sie sich rausgeputzt und den Meister um ein Autogramm gebeten. Diese genussfreudige Familie geht nicht in andere Sternelokale, weil sie dort zu viele Snobs vermutet. Am Ende zahlt die Tochter. Sie hat alle eingeladen, weil es etwas zu feiern gibt.

An einem weiteren Vierertisch sitzen Vater und Mutter mit Tochter und deren Mann, der nicht viel jünger ist als der Vater. Die Männer reden, und die Frauen sind vor allem schön. Auch am nächsten Vierertisch befindet sich ein Ehepaar, diesmal mit zwei jüngeren Männern. Es könnte der Sohn mit seinem Freund sein. Wie Brüder sehen sie nicht aus. Ein korpulenter Gast ist mit sich allein im Genießen vertieft. Er strahlt die ganze Zeit. Es scheint ihn nicht zu stören, dass er niemanden zum Reden hat. Er ist nicht zum Reden gekommen, sondern zum Schlemmen.

An einem Zweiertisch hat ein junger Mann einer jungen Frau einen Ring überreicht. Ein Heiratsantrag – wie schön! Wenn die beiden nur nicht so enden wie jenes ältere Ehepaar, das sich über Stunden eisern anschweigt. Nur

einmal höre ich, wie die Frau etwas sagt. Das klingt zornig. Sie tadelt ihren Mann. Es macht Spaß, über die anderen zu lästern. Doch was denken die anderen über uns? Einige überlegen sich bestimmt: Warum schauen sich die zwei ständig im Lokal um, flüstern und kichern? Und warum blicken die immer wieder belustigt zur Handtasche runter? Haben die noch nie einen Handtaschen-Hocker gesehen?

Das beste Stück einer Frau – da stecken viele Geschichten drin. Das Innenleben einer Handtasche bleibt jedoch immer geheim. Nicht nur das. Die Gäste der „Wielandshöhe" lassen, von außen betrachtet, ebenfalls nur Vermutungen zu. Genuss ist nämlich auch eine Frage der Fantasie.

Dior not war

Überbacken mit Kräutern – so wird sie vielfach geliebt. Auf die Speisekarte hat es die Weinbergschnecke (Helix pomatia) schon lange geschafft – mittlerweile aber auch zum Vorbild. Das glibbrige Geschöpf ist das Logo der Vereinigung Slow Food.

In hektischer Zeit ruft Slow Food zur Langsamkeit auf. Genussvoll und achtsam sollen wir sein. Was langsam reift, das altert spät? Wir haben gelernt, nicht zu hastig Nahrhaftes in uns reinzustopfen. Jetzt sollen wir auch noch ganz gelassen möglichst gut aussehen. Slow Mood ist das neue Zauberwort dafür. Hat sich in Anlehnung an Slow Food ein schwäbischer Hersteller von Naturkosmetik ausgedacht. Vom Nordrand der Schwäbischen Alb will die Bad Boller Biokosmetikmarke die modische Welt erobern. Dr. Rudolf Hauschka, ein Mitglied der Wandervogel-Bewegung, fing 1935 damit an, anthroposophische Arzneimittel ohne chemische Zusätze zu entwickeln. Auf alten Fotos sehen wir den 1969 verstorbenen Firmengründer schelmisch lächelnd mit Baskenmütze. In guter Tradition trägt Karim Sattar, der Chef-Visagist von Dr. Hauschka, den Schalk im Nacken samt Piercing im Ohr.

Wie ein Wandervogel fliegt der Hamburger durchs Land, um möglichst viele Frauen und auch einige Männer für Slow Mood zu begeistern. Natürlich ist er auch in Stuttgart

gelandet. Der Mann, der Stars wie Jane Fonda und Charlène von Monaco verschönert hat, macht's mit vollem Körpereinsatz. Wer mit ihm spricht, wird getätschelt. Mal legt sich seine Hand auf deinen Unterarm, mal auf deine Schulter. „Lassen Sie Ihre Hände aus dem Gesicht", rät Sattar bei seiner Schmink-Show im „Home of Beauty" von Mußler in der Stuttgarter City. Die Finger seien nun mal Keimträger – große Gefahr für die Gesichtshaut!

Was sollen Männer tun? Besser keine Grundierung eines Make-ups verwenden, empfiehlt der Profi. „Sieht doof aus, wenn Farbe in den Bartstoppeln hängt." Mit dem Bronze-Pulver dürfen wir uns Glanz verleihen, die Augenbrauen farblich auffrischen und kleine Unebenheiten überdecken. Daheim berät Sattar übrigens einen Broker. Sein Lebenspartner ist Devisenhändler. „Einer muss ja das Geld nach Hause bringen", sagt er und lächelt. Unentwegt verteilt er Komplimente („Ach, sehen Sie gut aus!") und rennt auf eine Kundin zu, auf deren T-Shirt „Dior not war" steht.

NOT WAR

Der Visagist würde der Dame am liebsten den bedruckten Stoff vom Leibe wegkaufen. „Aber ich brauch' XL – mit meinem Hüftgold", schiebt er schmunzelnd nach. Am Ende bekommt Sattar von Hausherr Mattias Mußler das rasch besorgte Not-war-Shirt geschenkt, das gerade ein Verkaufshit in Stuttgart ist. Zuvor muss Sattar freilich Slow Mood rühmen, auf dass daraus ein Trend werde.

Wann gibt es ein Shirt mit der Aufschrift „Hauschka statt Huschhusch"? Mit warmen Farben, sagt der Chef-Visagist, würde Slow Mood die „gesunde Gelassenheit von innen nach außen bringen". Doch was ist, wenn einem die innere Gelassenheit abhandenkommt? Man sollte Herrn Sattar aufsuchen, der muntert alle auf.

Slow Food ist ein Hit, Slow Mood folgt – der nächste Trend kommt garantiert schneller, als eine Weinberg-schnecke voranschleicht. Locker bleiben, auch wenn man innerlich kocht, muss das Motto sein – von Slow Wut.

Karim Sattar, Chef-Visagist beim Naturkosmetikhersteller Dr. Hauschka.

Was heißt VIP auf Schwäbisch?

Vor gut zehn Jahren, erinnert sich Wolfgang List, Chef der Agentur Perfectfotos, konnte es sein, dass er in der Volksfestzeit am Abend einen Anruf bekam und ihn jemand ganz aufgeregt alarmierte: „Komm schnell! Roberto Blanco ist da!" Dann raste er daheim in Ludwigsburg los, um eine Seltenheit festzuhalten: einen Promi auf dem Cannstatter Wasen!

Und heute? Heute haben die Festwirte Abend für Abend mindestens drei eigene Fotografen engagiert, um jede mehr oder weniger bekannte Nase umgehend abzulichten und sie kurz darauf auf den Bildschirmen im Zeltinneren zu zeigen. Zu den schwäbischen Freuden gehört es, sich

wie die Bayern für´s Maßstemmen mit Dirndl und Lederhose aufzubrezeln.

Es hat was von Fasching. Alle verkleiden sich, was das gemeinsame Bemühen fördert, sich mehr als sonst zu trauen. Die Promi-Galerie auf den Zelt-Flachbildschirmen scheint endlos. Von Sami Khedira bis Oliver Pocher – alle kommen in die VIP-Logen der Brauereien. Doch was heißt eigentlich VIP auf Schwäbisch?

Ein bekannter Caterer hat mir bei der Wasenparty des „Top-Magazins" im Hofbräu-Zelt von Hans-Peter Grandl den Begriff übersetzt: „Die Onnötige". Es seien hier viele

Das Cannstatter Volksfest ist das größte Fest der Schwaben.

„Onnötige" versammelt, stellte er fest, sich selbst rechnete er auch dazu, also jede Menge Kommunalpolitiker, Wirtschaftsbosse, Vorstandsmitglieder, Society-Größen, Schlossherren, Adlige, Bestsellerautorinnen vom Bodensee und so weiter. Bis zum Wasen-Ende geben die Bändelträger Gas, und man fragt sich, ob das alle heil überstehen. Denn es finden an jedem Abend mehrere Logenpartys parallel statt. Je „onnötiger" einer ist, desto bunter ist sein Handgelenk mit Plastik- oder Stoffbändel, desto kostenloser kann er sich durchschunkeln.

Boa-Chef und Ober-Karnevalist Werner Find etwa hatte an einem Montagabend fünf Einladungen. Da musste er sich atemlos von einem Zelt zum anderen zappen. Egal, wo er auch hinkam – der Hit „Atemlos" von Helene Fischer war schon da. Beim Frühlingsfest 2014 hatte es Ehren-Oberkübler Robert Kauderer mit seiner Forderung, „Atemlos" zu verbieten, weil dieser Hit den größten Lärm mache und die Anwohner am meisten nerve, bundesweit in unzählige Zeitungen geschafft und sogar in eine Fernsehnachrichtensendung. Doch Kauderers Protest verfehlte

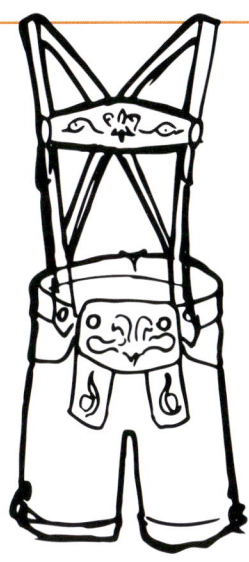

sein Ziel: „Atemlos" hat's im Herbst des Jahres 2014 zum Wasenhit geschafft. Aber auch der politisch unkorrekte „Gaucho-Song" hatte es weit gebracht – jener Tanz, mit dem die deutschen Fußball-Weltmeister nach ihrem brasilianischen Triumph in Berlin aneckten. Aber Vorsicht! Wer atemlos säuft, könnte am Ende gebeugt nach Hause wanken, ganz so, wie dies angeblich die Gauchos tun.

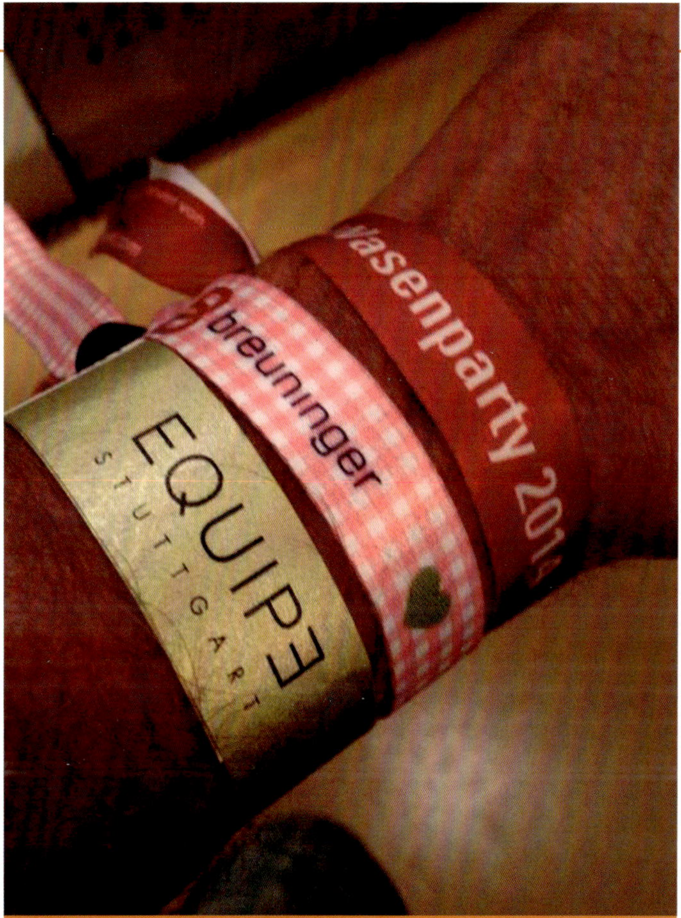

Plastikbändel gewähren freien Eintritt in die VIP-Logen des Cannstatter Wasen.

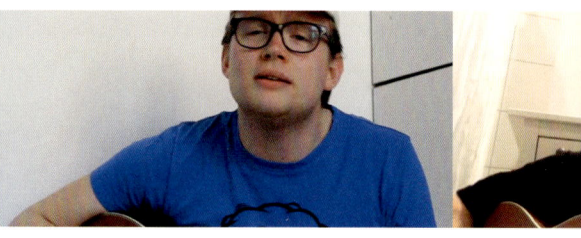

Denn du bischd wundrbaaar, Herr!

Niemals würde sich der liebe Gott über Geschöpfe lustig machen, die er uns geschenkt hat. Den Herrn kann man nicht oft genug dafür preisen, dass ihm so eine Vielfalt gelungen ist.

Selbst Erdenbürger, deren Gitarre verstimmt ist und die nicht textsicher sind, haben dank seiner unerschöpflichen Gnade die Chance, groß herauszukommen. Sogar, wenn sie aus Böblingen kommen.

Was der liebe Gott mit Böblingen zu tun hat? Die Kindergesangsgruppe Böblingen hat bei You tube, beim größten Internet-Videoportal mit täglich 65.000 neuen

Clips, den Film einer Übungsstunde hochgeladen, in dem das Kirchenlied „Laudato Si" auf unnachahmliche, also schwäbische Weise interpretiert wird. Dieses Video hat für dermaßen große Wellen im Netz mit über Hunderttausenden von Aufrufen gesorgt, dass sich Comedians wie Eure Mütter, die davon leben, komisch zu sein, bei einem Schüler geschlagen geben und den Link des „Laudato-Si"-Sängers neidlos herumschicken. Das kann wirklich keiner mehr toppen!

Was da als „Kindergesangsgruppe Böblingen" angekündigt wird, ist in Wahrheit nur ein einzelner Schüler, der Käppi und Brille trägt und voller Inbrunst klampft, wie das

sonst nur Pfadfinder tun, wenn sie unter sich sind. Gleichzeitig preist er die Schönheit der Schöpfung mit schwäbischem Unterton. Sobald sich der Nachwuchs-Dylan der zentralen Zeile des Kirchentag-Klassikers nähert, wackelt sein ganzer Kopf, bis er sich Erleichterung verschafft mit dem gesungenen Lob: „Denn du bischd wundrbaaar, Herr!"

Wundrbaaaar! Während sich die Stadt Böblingen ein Image zulegen will und dafür einen so genannten Image-Film ins Netz gestellt hat, ist ein Schüler zum Botschafter seiner Heimat mit Zehntausenden von Klicks geworden. Im besagten Image-Film, der bisher nur wenige hundert

Aufrufe hat, wird Böblingen als „Herz und Hirn des Innovationsmotors des Südwestens" gepriesen. Böblingen sei der „Raum für Taten und Talente".

Der Gitarrenschüler hat gar nicht erst die Bestätigung dafür gesucht, ein Talent zu sein, sondern ist gleich zur Tat geschritten. You Tube ist die Bühne unserer Zeit, auf der unter Hunderttausenden von hochgeladenen Videos oft gerade jene Außenseiter siegen, die sich gegen Perfektion stemmen. Das ist ein gar nicht mehr kleiner Wink an alle: Wir wollen nicht nur die Schönen und Gelackten.
Im Netz wird nun eifrig diskutiert: Ist's ein Fake oder ernst gemeint? Sind Schwaben peinlich? Ist es eine Gnade, im

Badischen geboren zu sein? Wahrscheinlich wird alles noch ganz anders kommen: Demnächst wird der junge Mann bei You Tube Brille und Käppi runterreißen – und Hape Kerkeling kommt zum Vorschein.

Das Lied „Laudato Si" ist dermaßen erfolgreich, dass es sich auch am Lagerfeuer größter Beliebtheit erfreut. An diesem Ort, an dem man mit wenigen Gitarrenkenntnissen zum Helden einer Nacht werden kann, wird der Text leicht variiert: „Sei gepriesen für Urlaub und Safari, sei gepriesen für Wodka und Bacardi."

Der Herr freut sich über jedes Lobpreisen. Reißen Sie sich zusammen, liebe Leserinnen und Leser, wenn Sie bei You Tube das Lied „Laudato Si" aufrufen! Da gibt's nichts zum Auslachen. Seien wir lieber dankbar, dass wir in der heutigen Zeit nicht immer vollkommen sein müssen, um es zu etwas zu bringen. Die Wege Gottes sind voller Güte. Des isch wundrbaaar, Herr!

Wie geil ist es, alt zu werden?

Da musste Roland Baisch grau werden, im Grunde gleich weiß und weiser, um als Star aufzufallen. Vor einiger Zeit hat sich der schwäbische Entertainer selbst zum Star ernannt. Seinem Programm gab der Mann aus Korntal den Titel „Der graue Star", um dem Bestseller „Altwerden ist nichts für Feiglinge" des verstorbenen Schauspielers Joachim Fuchsberger eine verdrängte Wahrheit hinzuzufügen: „Wer jung bleiben will, ist feige".

Wer bisher dachte, die ganze Welt hasst es, alt zu werden, kennt den grauen Star nicht. Herr Baisch lehnt die ewige Jugend ab, weshalb die Jury des baden-württembergischen Kleinkunstpreises ebenso mutig geworden ist. Sie hat vor einiger Zeit eine dem Nachwuchs dienende Förderung Herrn Baisch zuerkannt, obwohl dieser mit seinem Jahrgang 1954 in einem Alter ist, in dem andere in den Ruhestand gehen. Zur Preisverleihung ins Ulmer Roxy brachte Roland Baisch eine Ganzkörperaufnahme von sich mit. Sie stammt aus einer Zeit, als er glaubte, man bräuchte einen schönen Körper, um an superscharfe Frauen zu kommen. Es sind nur noch unscharfe Erinnerungen. Heute weiß er: Es gibt noch wichtigere Dinge. Vom Gipfel der Alterspyramide kann man herabblicken, sagte er mir, nämlich auf eine infantile Welt, die mit Oberflächlichkeiten zu sehr beschäftigt ist, um innere Ruhe, wahren Genuss und Erfüllung in reifer Vollendung zu finden. Oder so ähnlich. Bin erst dabei, den baisch'schen Philosophenansatz langsam zu verstehen.

Vielleicht will der Preisträger auch nur das tun, was US-Schauspieler Billy Crystal, Sallys ewiger Harry, einmal in einem Interview mit der Frankfurter Allgemeinen Sonntagszeitung so formuliert hat: „Man muss sich über das Älterwerden lustig machen, damit es ein bisschen einfacher wird." Ist es bei Herrn Baisch wie in einer der bekanntesten Filmszenen Hollywoods – beim vorgetäuschten Orgasmus von Sally? Täuscht uns der schwäbische Entertainer nur vor, dass es verdammt geil ist, alt zu werden?

Nein, ich glaube, sein Höhepunkt ist echt, den er gerade erlebt. Als ich ihm zum Preis gratulierte, sagte er, worüber er sich am meisten freut: „Viele junge Kollegen akzeptieren mich als Elder Statesman." Hurra, Roland Baisch ist

der Helmut Schmidt der Comedyszene! Ob er schon rauchen könne, ohne zu husten? Nein, mit dem Rauchen habe er aufgehört, entgegnete er: „Deshalb bin ich der Dalai Lama der Hinterhöfe – meine Anarchie habe ich mir nicht nehmen lassen." Und dann verriet Dalai Baisch sein großes Ziel: „Ich möchte hochbetagt ganz jung sterben."

Wir normale Menschen können froh sein. Es sind die Stars, die uns Orientierung und Halt geben. Sei schlau, werd' grau! Etliche graue Haare habe ich ja schon. Ich will nicht länger ein Feigling sein und färb' mir nun den ganzen Schopf grau.

Entertainer Roland Baisch zeigt in seinem Programm „Grauer Star", wie er als junger Star ausgesehen hat.

Das Paradies braucht seine Vögel

Es hat lange gedauert, bis der 1945 geborene Schwabe Uli mit den Schwaben klargekommen ist. „Zwiespältig", sagt er, sei früher sein Verhältnis zur Heimat gewesen.

Da war die große Liebe zur Mutter, die über zwei Jahrzehnte nach ihrem Tod noch immer resolut den Friseursalon ihres Sohnes zu beschützen scheint – aus dem Bild heraus, das auf der Kassentheke steht. Doch da waren auch bohrende Blicke, die den Uli trafen, wenn er auf die Straße ging, wie er sich fühlt: geschminkt, mit Schmuck um Hals und Handgelenke, mit langen Gewändern und einem Gesicht, das kaum zu erkennen war, weil von Haaren zugewachsen.

Dieser Mann sah nicht nach „Schaffe, schaffe Häusle baua" aus. Und net nach de' Mädle schaua? Nein, dieser Kerl schaute eher nach den Jungs.

Wie „der Uli" mit Nachnamen heißt? Selbst etliche seiner besten Kundinnen müssen bei dieser Frage passen. Sie kennen nur „Chez Uli". So heißt sein Friseursalon am Kesselwasen in Esslingen, der so bunt ist und so gut duftet, wie man sich den Garten Eden vorstellt. Verführerisch!

Im Pass steht sein kompletter Name: Hans Helmut Ulrich. Der gefällt ihm nicht. Aus dem gelernten Graveur und Kupferstecher ist „der Uli" geworden, der Mann, der seine langen Haare zu einem Knäuel verknotet, der zwölf Jahre lang die große Caterina Valente begleitet, geschminkt und frisiert hat. Wenn der Uli erzählt, wie er Balletttänzer werden wollte, aber seine Hüfte nicht mitspielte, wie er über Umwege bei einem Weltstar gelandet ist, wie er mit zwei Flaschen Wein am Tag abstürzte, sich berappelte und lernte, mit Yoga seine Balance zu finden, dann begreift man, was für Risiken und Nebenwirkungen ein Leben bereithält, aber wie schön es auch sein kann.

Seinen Salon nennt er seinen „Tempel". Es riecht angenehm. Das Licht ist freundlich gedimmt. Keine Neonröhren stören. Sanfte Strahler helfen mit, dass die Kundinnen ihre Spiegelbilder mögen. Hier ist der Beweis: Nicht alle rosaroten Wolken platzen. Und es wird klar, warum man Menschen, die sich aus der grauen Masse abheben, Paradiesvögel nennt. Der Uli ist ein schwäbischer Paradiesvogel, der sich nach vielen Jahren mit den Schwaben versöhnt hat. In seiner Heimat scheint man nun endlich zu begreifen, dass eine Stadt Originale braucht, nicht nur Kopien.

Das Denken in Schubladen ist ihm zuwider. Er hat Frauen wie Männer geliebt. Jesus und seine Jünger seien auf Abendmahl-Bildern so schön, die waren bestimmt alle schwul, sagt er und lacht. Seit vielen Jahren lebt er in Stuttgart mit einem Schauspieler zusammen. Ungebrochen ist sein Drang, Frauen zu verschönern. Beliebt sind gerade handgelegte Wasserwellen aus den 1920ern.

Lange bevor das Musi-Filder kam, hat er diese An Ruhestand denkt Mensch brauche eine cal „Chicago" auf die Frisur perfektioniert. er nicht. Denn der Aufgabe im Alter.

Caterina Valente hat sich 2006 von der Bühne zurückgezogen. Ihr früherer Privatfriseur kann's verstehen. Wer 64 Jahren lang, von Kindesbeinen an, nonstop gearbeitet hat, dürfe Nein sagen. Ihren ersten Gesangsauftritt hatte sie

mit fünf im Stuttgarter Friedrichsbau. In Lugano soll die begnadete Entertainerin nun als fröhlicher Mensch leben. Über SDR-Regisseur Horst Martel hatte er die Valente Ende der 1960er kennen gelernt. Schnell wurden sie ein professionelles Team: das frühere Artistenkind aus Italien und der schwäbische Figaro. Von 1970 bis 1982 hat der Uli die Frau mit dem berühmten Lachen auf Tourneen und zu TV-Shows begleitet. Die Zeit mit ihr bewahrt er wie einen Schatz und ist für immer dankbar: „Sie ist ein wunderbarer Mensch!"

Immer wieder wurde er für Fernsehshows gebucht, frisierte unter anderen die Sängerinnen Ireen Sheer, Bibi Johns, Wencke Myhre und Gitte. Und auch heute noch zieht er Kameras an: Erst kürzlich ist für eine Folge der „Soko Stuttgart" in seinem Salon gedreht worden. Auf große Namen kommt es ihm freilich nicht an. Glücklich macht

es ihn, wenn eine Frau, die zuerst müde aussah, leicht federnd seinen Salon verlässt. „Die Haare sind bei einer Frau quasi das Spiegelbild ihrer Persönlichkeit", sagt er.

Die ersten Frauenhaare seines Lebens gehörten seiner Mutter. Die schnitt und frisierte er so toll, dass sich ihre Kundinnen – die Dame arbeitete an der Kasse eines Kaufhauses in Esslingen – nach ihrem Friseur erkundigten und ihn sofort buchen wollten. So wurde aus dem Graveur ein Coiffeur.

Wer heute den Salon Chez Uli betritt, sieht zuerst das Bild der verstorbenen Mutter auf der Theke. Ihr Sohn lebt vor, dass Disziplin und Ausschweifungen keine Feinde sein müssen. Sie kann sehr stolz auf ihren Uli sein. Auf die bunte Vielfalt eines Schwabenlebens, auf einen der Vögel, die ein Paradies braucht.

Hans Helmut Ulrich, den alle nur „Uli" nennen, war über Jahrzehnte der Leibfriseur von Entertainerin Caterina Valente.

GOHT'S NO?

SECKL BLEEDER

SCHWÄBISCHER ÄRGER

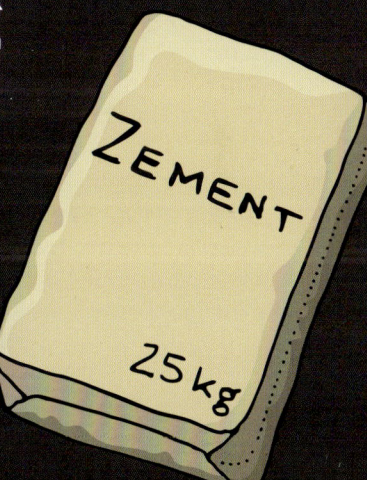

Die Stadt hinter Zäunen

Schon lange hatte er nicht mehr in Stuttgart geschäftlich zu tun gehabt und sah auch sonst keinen Grund für einen Besuch bei uns. „Respekt", sagte der Mann aus Mainz nach längerer Abwesenheit. Und es schien, als wolle er zum Lob ansetzen. „Eure Stadt ist wirklich einzigartig!", sagte er.

Freut uns immer, wenn Auswärtige unser Stuttgart gut finden. Was gefiel ihm besonders? Das viele Grün in der Stadt? Unsere Hügel mit den tollen Ausblicken? Das Porsche- oder Mercedes-Museum?

Aber nein, nichts von alledem. Auch die Stäffele oder das Mineralwasser hatten es ihm nicht angetan. Der Mann aus

Mainz, den mir in einem Café eine Freundin vorgestellt hatte, ernannte Stuttgart zur Hauptstadt der Zäune. Am kaum noch frei zugänglichen Hauptbahnhof war er angekommen und mit einem Taxi zum Österreichischen Platz zwecks Wahrnehmung einer dienstlichen Pflicht gefahren. „Ihr seid die Zaunkönige der Nation", sagte er, „wann nehmt ihr den Zaun ins Stadtwappen?"

Es war ein Wink mit dem Zaunpfahl. Innerlich fuhr ich die Strecke ab, die er vom Taxi aus gesehen hatte. Im Hauptbahnhof ist die Ankunft nach hinten gerückt, weil der vordere Teil der Gleise für Stuttgart 21 von Bauzäunen abgesperrt ist. Man muss nun weite Wege zurücklegen, was die

vielen kleinen Ladenboxen der Bäcker, Metzger und Co. erklärt, die neuerdings an den provisorischen Gleisenden auf Kundschaft warten. Der erheblich verlängerte Fußmarsch strengt an – man sollte also Kraftnahrung kaufen.

Draußen vorm Schlossgarten ist der Zaun – das oft verwendete Wort „Einfriedung" passt hier nicht! – bereits vollgepinselt. „Scheißgrube 21" steht drauf. Weiter Richtung Süden verdeckt ein Bretterverhau den Landtag, obwohl der nicht tiefer gelegt wird. Das Hochhaus am Charlottenplatz ist von Zäunen umgeben, die Brache quer gegenüber ebenso, auf der zwischen Breuninger

und Hotel Silber noch ein weiteres Shopping-Center entsteht. Zäune, überall Zäune. Die Besucher der Stadt werden zu Zaungästen.

Wo gehobelt wird, fallen Späne. Wo gebaut oder umgebaut wird, da stehen Zäune. Und je länger sie stehen, desto bunter werden sie. Schüler waren beim Landtag auf der Seite zum Park am Werk. Kann Liebe Sünde sein oder eher Kunst? Die Umzäunung wird zur Leinwand, auf der eine Schwarzwald-Lady mit Bollenhut einen langmähnigen Mann mit nicht so klar definierbarem Hut küssen will.

Es gibt so viele Zäune: den Jägerzaun, den Elektrozaun, den Maschendrahtzaun. Der Bauzaun muss verdecken, weshalb man auf der Fläche dazu etwas schreiben oder malen kann. Nicht immer sieht das so gut aus wie die Schwarzwald-Schülerarbeit. Oft ist's ein Gesudel, das nervt. „Eltern haften für ihre Kinder", steht auf Bauzäunen. Doch wer haftet für die Architektur, die dahinter entsteht? Nicht immer wird das Neue besser.

Zäune, überall Zäune. Es sind so viele in der Stadt, dass wir befürchten, lange schon tot zu sein, bevor Stuttgart zaunfrei ist. Kaum einer wird alles mitbekommen, was da freigelegt wird, sollten die Zäune eines Tages wie die letzte Hülle einer Stripshow nach viel zu langem Hinauszögern doch noch fallen.

Immerhin sind wir Könige. Zaunkönige! Im Naturreich ist der Gartensänger bekannt für sein kräftiges und lautes Organ. Einst wurde er als Ziervogel im Käfig gehalten, weil er pflegeleichter ist als die Nachtigall. Laut sind in Stuttgart die Gegner von Bauzäunen für den Tiefbahnhof gewiss. Aber pflegeleicht? Wird gar etwas ganz anderes gebaut, was kein Demonstrant ahnt? Die Zaunstadt 22? Vielleicht werden riesige Zäune weit vor Stuttgart gebraucht, ringsherum, damit kein nörgelnder Mainzer reinkommt.

Bauarbeiten im Hospitalviertel.

Ego-Googeln in Staugart

Dass wir wiederholt auf Platz eins im Ranking der deutschen Kulturstädte gelandet sind, kann uns zwar nicht mehr überraschen, aber doch immer wieder erfreuen. Ist schlichtweg top, wenn führende Ökonomen den wissenschaftlichen Beleg fürs hiesige Wohlfühlen liefern. Das Hamburger Welt-Wirtschaftsinstitut etwa hat die Schwaben bei der „kulturellen Vielseitigkeit als Wirtschaftsfaktor" ganz vorn eingestuft hat, also vor Berlin oder was es sonst noch so an Wichtigtuer-Metropolen gibt.

Da wir auch auf anderen Feldern führend sind, etwa was verlorene Lebenszeit im Stau betrifft, ist es nur folgerichtig, beide Qualitätsmerkmale zu kreuzen. Das Motto dafür könnte lauten: Selbst im Stillstand haben wir noch Kultur!

Mit einer „Guerilla-Marketing-Aktion" sind zehn Bachelorstudentinnen der Media Akademie, wie sie in Pressemails wissen lassen, „in die Offensive gegangen". Sie haben im Berufsverkehr eine „Stauzeitung gegen Langeweile" verteilt. Darin geht es etwa um die Frage, wie man die Zeit im Stau sinnvoll nutzen kann.

Unangefochten sind wir die deutsche Stau-Hauptstadt. Weltstadt eben. Selbst in Paris, Rom oder Los Angeles

kommen die Leute im Auto nicht stockender voran als in Staugart. Laut Navihersteller Tom Tom hängen wir Stuttgarter pro Jahr 89 Stunden im Stau fest. Ist doch Spitze! In diesen 89 Stunden können wir ungestört über das große Ganze nachdenken. Oder auf dem Weg dorthin mit kleinen Schritten beginnen, also noch ein bisschen mehr mit unserem Smartphone rumspielen.

Wer nicht das Glück hat, die Autoscheibe runterkurbeln zu können, weil eine hübsche Studentin davor steht, kann auf dem Smartphone unter http://www.stauzeitung.de das Kreativangebot der jungen Menschen digital aufrufen.

Dort lautet einer der Vorschläge, um die Zeit im Stau zu verkürzen: „Ego-Googeln". Dieses „Ego-Googeln", sich also selbst zu googeln, um zu sehen, was das weltweite Netz über einen verrät, sei eine „weit verbreitete Sache". Prompt bittet die „Stauzeitung" um eine ehrliche Antwort. Die Frage lautet: „Wie oft googelst du dich?" Wie meinen die das? Am Tag? In der Stunde? Ich entscheide mich für die Antwort: „Nein, würde ich niiiie tun!"

Wer einen Namen googelt, bekommt von der Suchmaschine Begriffe vorgeschlagen, die von Internetnutzern angeblich am häufigsten zusammen eingegeben werden.

Studentinnen verteilen die „Stau-Zeitung".

Peter Boudgoust kann beim Ego-Googeln lesen: „Peter Boudgoust Gehalt". Aha, die Leute interessieren sich vor allem dafür, was der SWR-Intendant verdient. Laut erstem Treffer sind's 273 000 Euro im Jahr. Bei SWR-3-Moderator Ben Streubel heißt es: „Ben Streubel schwul". Ich habe mich schon mal mit ihm darüber unterhalten. Er kann sich's nicht erklären, warum ausgerechnet bei ihm, einem Macho mit Charme, viele homoerotische Überlegungen herrrschen. Udo Lindenberg ist wirklich nur sein Kumpel! Zweitwörter von Jogi Löw sind „gefärbte Haare". Und beim deutschen EU-Kommissar lesen wir: „Günther

Oettinger Mafia". Was ist gut fürs Ego beim Googeln? Den Stau sollte man zur Kreativität nutzen, schlagen die Media-Studierenden vor. Für eine Kulturhauptstadt ist dies Ehrensache. Schon reimen wir, was das jeweilige Auto hergibt: „Yoga im Toyota", „Fleischwolf im Golf", „Forsche im Porsche", „Anakonda im Honda", „Meuchelmord im Ford", „Reibach im Maybach", „Damenbart im Smart".

Wir reimen, bis wir auch noch die Dichter-Hauptstadt sind! Spitze in jedem Fall!

Wo Juchti jodelt

Oh mein Gott! Konnte ihn denn keiner retten? Passt das Schicksal des Juchtenkäfers in eine Dose? „Juchtenfett" steht auf dem silbernen Blech. Unsere geteilte Stadt ist voller Gemeinheiten. Befürworter von Stuttgart 21 machen sich einen Spaß daraus, den Gegnern des Bahnhofsprojekts zu Weihnachten oder zum Geburtstag Juchtenfett zu schenken.

Liebevoll wird er Juchti genannt. Mit Heiner Geißler gilt der Juchtenkäfer als Held von Stuttgart 21. Für die Parkschützer ist Juchti das Lieblingshaustier. Bis vor einigen Jahren kannte diesen Eremiten (Osmoderma eremita) nur, wer die Rote Liste kennt. Dort wird er als „stark gefährdet" eingestuft. Wenn alles gut für ihn läuft, versteckt sich der

unter Naturschutz krabbelnde Starkäfer in den Bruthöhlen alter Bäume. Bisher hat ihn kaum ein Mensch gesehen. Entweder wird Juchti deshalb als „Nessi von Stuttgart" verspottet. Oder man traut ihm schier gar unglaubliche Kräfte zu. Als könne ein mit 26 Millimetern ausgewachsener Eremit ein Jahrhundertbauwerk stoppen, dessen Kostenplan von vier Milliarden Euro sich noch im Wachstum befindet.

Längst ist Juchti so prominent wie einst Eisbärbaby Knut. Es gibt ihn sogar als Brosche, in Gold, Silber oder Bronze. Der Käfer 21 zum Anstecken. Gibt's Juchti in Gold für 100-maligen Demobesuch für fleißige Montagsmarschierer? Nein, nein, Jucht ist nur ein Mode-Accessoire.

In der Redaktion der Stuttgarter Nachrichten lässt ein Kollege in regelmäßigen Abständen ein Lied aus You Tube erklingen: „Karl, der Käfer, wurde nicht gefragt, man hat ihn einfach fortgejagt" und singt herzergreifend dazu, während er sich kugelt vor Lachen. Die Pop-Poesie-Band von SWR-Moderator Matthias Holtmann preist die Schönheit des Stuttgarter Schlossgarten mit dieser Hymne an: „Dort, wo der Juchtenkäfer jodelt."

Hat sich's jetzt ausgejodelt? Wird Juchti zu Schuhwichse verarbeitet?

Mit Juchtenfett werden Schuhe poliert. „Wie viele Juchtenkäfer mussten dafür sterben?", frage ich in die Redaktionsrunde. „Kein einziger", antwortet ein Kollege, ein bekennender Fan von Stuttgart 21, „die werden nur gemolken". Ein anderer Kollege, wohl ein Gegner, wird wütend: „Jetzt machen die nicht nur mit den frei werdenden Bahngrundstücken Kohle, sondern auch mit dem Verkauf von Juchtenfett."

Es ist gut, wenn wir alle über ein Thema reden, von dem wir keine Ahnung haben. Das fördert unsere Fantasie und ist zugleich eine rhetorische Schulung. Ich habe trotzdem recherchiert und bin auf folgendes Internetwissen gestoßen: Juchtenfett ist ein Lederfett (die Dose kostet 13,50 Euro). Juchtenleder, ursprünglich ein russischer Ausdruck, ist ein Leder aus der Haut von Kälbern oder Rindern. Das Juchtenleder ist sehr fest, dicht und geschmeidig und wird mit Birkenteeröl eingerieben, weshalb es stark riecht.

Der Hersteller des Schuhpflegemittels rühmt sein Produkt mit folgenden Worten: „Juchtenfett macht das Leder weich und geschmeidig." Und jetzt kommt's, da haben wir's schwarz auf weiß: „Juchtenfett ist stark wasserabstoßend."

Wasser! In der bisherigen Begegnung von Polizist und Demonstrant kam's auf dieses Element schon mal an. Doch keiner ahnte was von Juchtenfett.

Wer Juchti retten will, reibt sich künftig vor schwarzen Donnerstagen mit dem wasserabstoßenden Wundermittel ein. Wer dann auch immer mit Wasser werfen mag, schmiert ab.

HOLLA REIDULIE

Der jodelnde Juchti auf der Bahnhofsbaustelle.

Was ist uns heute noch peinlich?

Toleranter ist die Nation geworden, wenn es um die sexuelle Orientierung oder Orientierungslosigkeit ihrer Bürgerinnen und Bürger geht. Aber wer kümmert sich um jene Menschen, die etwas anders sind, weil sie etwas anders reden? Diese Menschen müssen fern ihrer Heimat einen elementaren Teil ihres Lebens verbergen, weil sie sonst vom Sturm der Diskriminierung weggefegt werden würden. Aus der Hauptstadt hat mich folgende erschreckende Nachricht erreicht, von der ich mich bis heute nicht erholen konnte:

„Noch immer müssen viele Berliner Prominente ihr Schwabentum vor der Öffentlichkeit verstecken. Es ist die Suebophobie einer Gesellschaft, die sich tolerant nennt. Wann endlich kann ein Schwabe auch öffentlich so sein, wie ein Schwabe von Natur aus ist?"

Absender: Free Schwabylon. So nennt sich jene autonome Gruppe, die durch ihren Spätzle-Anschlag auf das Kollwitz-Denkmal in Berlin so bekannt geworden ist, dass selbst die „New York Times" über den Aufstand berichtet hat. Verantwortlich für die Unruhen seien „german migrants from Swabia, a region just west of Munich". Westlich von München sind wir also – wer hätt' au des denkt?

Berlin ist eine Region nördlich von Stuggi. In dieser Region gibt es Menschen, die glauben, wir Schwaben würden im Alpenvorland leben. Diese Menschen finden es lustig, im Treppenaufgang ihres Hauses ein Schild aufzuhängen, das aussieht wie eine schwäbische Kehrwochentafel. Und darauf ist dann zu lesen: „ES IST VERBOTEN SCHWÄBISCH ZU SPRECHEN UND AUF DEN BODEN ZU SPUCKEN."

Super, das schafft nicht jeder Volksstamm! Der Künstler Pierre Granoux hat dieses Schild erschaffen. Schwaben als Kunstobjekt! Wir sind stolz darauf! Und deshalb ist es verboten, arrogante Hauptstädter zu bespucken. Aber es ist erlaubt, sich über Verbotsschilder hinwegzusetzen.

Eine Mauer aus Maultaschen wollten die schwäbischen Separatisten in Berlin errichten, ein freies Schwabylon ausrufen – und werden bis heute von den Ureinwohnern nicht verstanden. In der Liste der 100 peinlichsten Berliner, vom Stadtmagazin „Tip" aufgestellt, ist Free Schwabylon einmal auf Platz 52 gelandet. „Viel Radau, sonst nichts", urteilt die Jury, „selten haben Bezirksreformer so versagt wie Free Schwabylon". In diese Hitparade der peinlichsten Berliner hatte es im selben Jahr ein weiterer Schwabe

geschafft: Designer Harald Glööckler landete als „Nöö-Sager" auf Platz 49.

„Mit unserem Platz 52 lief alles richtig!", hat ein wie immer anonymer Sprecher von Free Schwabylon über geheime Mittelsmänner mich wissen lassen. Auf meine Frage, wen die Spätzle-Werfer bei einer imaginären Liste der peinlichsten Schwaben vorne sehen, bekam ich folgende Antwort: „Zur Stuttgarter Regionalprominenz äußern wir uns nicht." Kann man durchaus verstehen. Denn gibt es etwa 100 peinliche Schwaben? Sind Schwaben nicht per se das Gegenteil von peinlich?

Was ist uns heute überhaupt noch peinlich? Die meisten Menschen, die peinlich sind, merken es selbst nicht mal.

Andere wollen daneben sein, das finden sie cool. Im Internet gibt es bei Facebook die Gruppe „Lasst uns peinlich sein". Früher waren uns wenigstens noch unsere Eltern peinlich. Doch kürzlich sagte mir ein 14-jähriges Mädchen, ihre Eltern seien cool, überhaupt nicht peinlich.

Aber es gibt wenigstens noch peinliche Krankheiten. Mit Analthrombosen, Genitalwarzen und Schamläusen geht kaum einer gern zum Arzt. Kann Menschen, die in Berlin ihr wahres schwäbisches Gemüt hinter hochdeutscher Sprachfärbung verbergen, medizinisch geholfen werden? Wohl kaum. Also warten wir auf die ersten Outings im Prenzlauer Berg. Es ist eine Schande, wenn in der heutigen Zeit Mut dazu gehört, sich zu seiner natürlichen Veranlagung zu bekennen: „Ich bin ein Schwabe, und das ist gut so."

Shoppen auf Schwäbisch

Den „Point of Sale" müsse sie bei ihrer neuen Arbeit immer im Blick haben, berichtete kürzlich eine Freundin vor Rostbraten und Spätzle. Wir hatten uns in einem urschwäbischen Lokal zum Abendessen und nicht zum Dinner verabredet. Doch Schwaben – spätestens seit dem gleichnamigen Kinofilm mit unserem Vorzeigelandsmann Walter Schultheiß wissen es alle – sind Global Player. Und die können deshalb auch ganz global outsourcen. Wer sagt schon auslagern? Das klingt lang nicht so powerful!

Beim Crowdsourcing mischen wir Schwaben ebenso eifrig mit. Crowdsourcing ist das Angeberwort für den Versuch, über das Internet eine Menge an Menschen zu gewinnen und deren Kreativität zu nutzen. Beim Crowdsourcing entdeckte ich nach unserer schwäbischen Point-of-Sale-

Rostbratendebatte eine Tragetasche, auf der steht: „Ich gehe lieber einkaufen als shoppen." Der Verein Deutsche Sprache hat sie ins Netz gestellt.

Noch viel mehr Sprüche könnten die Kämpfer gegen Sprachpanscher auf Tragetaschen drucken. Hier einige Vorschläge: „Ich habe lieber Höhepunkte als Highlights." Oder: „Ich gehe lieber in Denkrunden als zum Brainstorming." Und: „Ich trage lieber Hemden als Outfits."

Während ich darüber nachdenke, ob ein Leben ohne Outfit möglich ist, ertönt im Lokalressort der Stuttgarter Nachrichten ein Ruf, der zum Ritual geworden ist. „Koooo-ooonferäääänz", schmettert der Chef. Dies dürfte all jene Bezieher dieses Blattes erfreuen, die sich über Anglizis-

Zu den schönsten schwäbischen Worten zählt das „Muggaseggele" – hier fliegt's im Milaneo.

men ärgern. Wir werden nicht mit dem Ruf „Miiiiiiieting" zusammengetrommelt. Dabei befindet sich die halbe Geschäftswelt auf „Meetings", wenn wir sie anrufen wollen. Aber ihr Handy lassen die meisten immer noch an, um uns gleich abwimmeln zu können: „Ich bin gerade im Meeting – ich rufe gleich zurück."

Gehen Sie, verehrte Leserinnen und Leser, lieber einkaufen als shoppen? Dann ist das neue Stuttgart nichts für Sie. Hier macht ein Einkaufszentrum nach dem anderen auf. Das Gerber etwa lockt mit einer „Shopping-Mall". Und auf der Heimseite, also der Homepage, der viel besser laufenden Konkurrenz heißt es: „Milaneo – immer neues Shoppen".

Menschen mit der Tragetasche des Vereins Deutsche Sprache werden wohl zu Hause bleiben.

Wie tolerant sind die neuen Zentren? Dürfen wir bei ihnen, wenn wir nicht shoppen wollen, notfalls auch einkaufen? Wenn die große Welt nach Stuttgart kommt, kann's auch mal international klingen. Wäre, zugegeben, etwas befremdlich, würde sich ein spanisches Unternehmen wie Zara Home in „Zara Heim" umtaufen, nur um deutsche Sprachschützer zu erfreuen. Die richtige Mischung macht's, wie so oft im Leben. Die richtige Mischung aus deutscher und internationaler Sprache. Ein „Hingeher" klingt bescheuerter als „Event". Aber einen „Bad-Shop" brauchen wir auch nicht. Mit dem Bad-Shop ist ein Geschäft für Badebedarf gemeint. „Bad" bedeutet im Englischen schlecht. Wörtlich übersetzt heißt Bad-Shop also „schlechter Laden". Will da etwa einer rein?

Die neuen Shopping-Zentren lassen meine Nachbarin übrigens kalt. Sie bestellt alles im Internet. Dies sei doch viel bequemer. Fast täglich kommt der Paketfahrer. Die Hälfte des Gelieferten gefällt ihr nicht. Das geht dann „Return to Sender", sagt sie. Also zurück zum Sale-Point oder so. Ist das Shoppen auf Schwäbisch?

Eva Maria Oelschlegel vom Verein Deutsche Sprache: Die Tasche als Statement – nein, es muss natürlich heißen: Eine Tasche mit Aussage!

OBACHA
COOL
DIE SCHWÄBISCHE
SPRACHE

GOHT'S
NO?

So en Bäbb!

Wie hemmers denn? Bisch du no ganz bache? Pass uff, oder ich hau di o'gspitzt in de Boda! Des isch a granatamäßige Unverschämtheit! Heilandsak!

Zur besten Sendezeit darf im SWR-Fernsehen zuweilen heftig geflucht werden. Die Mundart- Serie „Die Kirche bleibt im Dorf", die mit großem Erfolg entweder mit neuen Folgen gesendet oder zum x-ten Mal wiederholt wird, macht auf sympathische Weise klar: Bei uns Schwaben gehört das Bruddeln und Schimpfen zur Lebensqualität. Die Schwaben, speziell jene Exemplare, die im Mundart- Programm des Fernsehens agieren, sind fantasievolle Lautmaler.

Lustvoll hauen sie mit Donnerworten um sich. Ihren Ärger lassen sie gern am Stück raus und gönnen sich im Zustand der Ungemütlichkeit keine Atempause.

Herrgoddskreizdonnderweddrabberau! Hemmelherrgoddsagramentleggmeamarschscheißglo'mbverreggts!

Die einfachen Flüche beginnen oft einleitend mit dem Vorwort „soen" oder „soa" (Hochdeutsch fein: So ein). Hier einige Beispiele: „Soen Schoofscheiß",„soen Bäbb", „soa Läddagschwädz", „soa Lumbakruschd".

Die erste Flüche werden gern im Bruddelton vernuschelt. Es grummelt und grollt. Da braut sich was zusammen, was

Der Pfarrer kommt auf dem Roller: Szene aus der Schwabenserie „Die Kirche bleibt im Dorf".

zu zweierlei führen kann: Entweder es verpufft, weil der Schwabe in letzter Sekunde denkt, dass er beim Schweigen keine Fehler macht. Oder er sieht ein, dass Schweigen letztendlich der Heilung schadet und er besser granatenmäßig explodieren sollte, bis die Wände wackeln.

Doch man muss genau hinhören. Ein Fluch kann auch ein Freudenschrei sein: „Jajetzlecknomiamarsch, dr Häberle!"

Es gab Zeiten, da wollte man im Fernsehen des Südwestens lieber vornehm reden, weshalb die Programmchefs alle schwäbischen Serien gestrichen hatten. Glücklicherweise sind diese Zeiten vorbei. Entwurzelte Global Player haben erkannt, wie gesund es ist, seiner heimatlichen Veranlagung zu folgen. Dialekt ist die Heimat der Seele. Und dafür muss sich keiner mehr schämen.

Der Minderwertigkeitskomplex ist in unserem Volksstamm weitgehend verschwunden. Früher dachten Schwaben in Konferenzen und Debatten, die reingeschmeckten Norddeutschen argumentierten intellektueller, weil ihr Hochdeutsch schlau und perfekt klingt. Wenn dagegen die Schwaben den Mund aufmachten, hatten sie das Gefühl, ihre Ansichten würden sich saublöd anhören. Als würde der Dorftrottel was sagen. Von wegen! Längst gilt der Dialekt als authentisch und ehrlich. Wer spricht, wie ihm der Schnabel gewachsen ist, ist nicht so verstellt und verquer wie ein Fischkopf. Er führt einen nicht hinters Licht, sondern ist vertrauenswürdig und rechtschaffen.

Die SWR-Serie „Die Kirche bleibt im Dorf" ist Fortbildung. Sie ist ein Lehrgang für schwäbisches Fluchen. Der Vorrat an verbalen Grobheiten scheint endlos – in jeder Folge dürfen die Hauptdarsteller noch mehr Derbheiten raushauen. Dies wird so lange gut gehen, bis die vielen nichtschwäbischen Fans für die Streitereien von Oberrieslingen und Unterrieslingen bei der Intendanz Untertitel einfordern.

Und was ist, wenn der Chef die Übersetzung anordnet? Das geht dann so: „Dir henge 's Greiz aus, dass du den Arsch en dr Schleng hoimdrägsch", sagt der Gottfried Häberle, und am unteren Teil des Bildschirms steht: „Verehrter Herr, ich werde Ihrem Rücken schaden, bis Sie Ihr Hinterteil im Notverband nach Hause tragen."

Ach nein, das brauchen wir nicht! Schwäbische Flüche sind wie gute Rockmusik, die jeder versteht, weil sie in Mark und Bein geht. Hemmers?

HERRGODDSKREIZDONNDERWEDDRABBERAUIHEMMELHERRGODDSAGRAMENTLEGGMEAMARSCHSCHEISSGLO'MBVERREGGTS!

Sind wir denn alle blödle?

Heimatliebe ist eine Liebe, der sich immer mehr Schwaben ohne eingesparten Stolz hingeben. Heimatliebe am Heck: Mit gestanzten Buchstaben in einem dünnen Blech setzen Autofahrer auf die identitätsstiftende Wirkung eines Kürzels wie „LEO", „ES-EL" oder „S-UN". Heimatliebe per Mausklick: Bei Facebook boomen die Stuttgart-Seiten. Heimatliebe als Bekenntnis: Aufkleber mit Aufschriften wie „s Lebä isch koin Schlotzer" laufen wie g'schmiert.

Irgendein Cleverle hat festgestellt: „Es isch nirgends so schön wie drhoim, selbst wenn d' Hoimet a Sauschdall isch!"

Und jetzt, da die Schwoba boomet und es zur Freude geworden ist, ein Schwabe zu sein (denken wir nur ans Internet-Comeback von Äffle & Pferdle mit neuen Dialogen, an den Rapper MC Bruddaal, den Schwabensouffleur Dodokay und an viele mehr), überrascht es nicht, dass Homer Simpson trotz seiner Herkunft aus der amerikanischen Unterschicht Schwäbisch schwätzt – wie zuvor schon Comic-Kollege Asterix.

Bekannt wurde Homer als stinkfaule Couch-Potato – dennoch hat er nach Bayerisch und Hessisch eine weitere Mundart gelernt. Geholfen hat ihm für Band drei der

Simpsons-Dialekt-Reihe der erwähnte Schwaben-Autor Dominik Kuhn. Dodokay legt Homer Sätze in den Mund wie „Em gschengda Gaul guckt mer ned ins Maul". In dem Büchlein aus dem Panini-Verlag mit Deutschland-Sitz in Stuttgart macht Homer versehentlich „'s Internet hee" – und die Simpsons müssen alle Aufgaben übernehmen, die sonst „des neimodische Klomp" erledigt.

Ohne Netz und doppelten Boden wird die Schwabenwelt schnell zum Sauschdall!

Ein Glück nur, dass der Souffleur der Simpsons Dodokay heißt. Denn heutzutage wollen alle Schwäbisch schwätzen,

leider auch die, die keine Ahnung davon haben. Für das im Herbst 2014 eröffnete Shopping-Zentrum am Stuttgarter Hauptbahnhof muss eine uns sehr ferne Agentur die Werbung getextet haben. „Das Ländle jagt Schnäpple im Mailändle", heißt es da.

Sind wir denn alle blödle?

Kein Mensch sagt bei uns „Schnäpple". Und wir sagen auch nicht unentwegt „Grüß Gottle", wenn wir uns sehen. Bei der Gala zu 20 Jahre Musicals in Stuttgart haben die Bühnenakteure im Palladium-Theater gemeint, es sei lustig, einen Schwabenwitz nach dem anderen zu reißen. Sie stellten uns dar, als würden wir im Alltag reden wie Dorftrottel im Bauerntrampeltheater. So was kann man sich nur in der Hamburger Musicalzentrale ausdenken. Bei einer derartigen Grüß-Gottle-Häufung ist unser Zwergle-Image sehr anstrengend. Es leben bei uns viele, die überhaupt kein Schwäbisch sprechen, aber trotzdem schwäbisch denken.

Die landesübliche Kleinmacherei muss ihre Grenzen haben ! Meine journalistische Lehrmeisterin Uta Schlegel-Holzmann, die bis Ende 2003 die KNITZ-Kolumne in den Stuttgarter Nachrichten geschrieben hat, machte mir dies bereits vor 15 Jahren klar. Wenn sie beim Gegenlesen das Wort „Ländle" in meinem Artikel entdeckte, protestierte sie heftig. „Heimatland noch mal!", konnte sie dann ausrufen, „sind wir denn ein Spielzeugländle?" Wann endlich darf dieses Baden-Württemberg erwachsen, also ein Land sein?

Seitdem habe ich kein einziges Mal mehr das Wort „Ländle" in meinen Texten verwendet. Recht hat die Kollegin! Es ist ja ein guter Zug, dass sich Schwaben nicht aufblasen und sich lieber kleiner machen, als sie sind. Aber ein wenig stolz können wir doch auch auf uns sein. So, des musste mal g'sagt werden! Und gell, jetzt machen wir ein bissle Ordnung in onserem Sauschdall! Adele!

Schwaben und Stinktiere

So tolle Kollegen wie Frau Schmidt hat nicht jeder. Zu ihrem Abschied ließen sie sich was Originelles einfallen, um ihre Wertschätzung auszudrücken, Was schenkt man einer Frau, die der Arbeit wegen von Berlin nach Stuttgart zieht?

Man schenkt ihr eine Kutterschaufel! Auf die hatten die Kollegen von Silvia Schmidt (Name geringfügig geändert) mit Filz ihren Namen gekritzelt. Zum Abschiedspräsent gehörte ein Handfeger aus Rosshaar. Mit einem schwäbischen Notfall-Set sollte sie für die Kehrwoche gerüstet sein, meinten die Kollegen. Die müssen im Unrat von Berlin bleiben, während Frau Schmidt bei Daimler in Stuttgart Karriere macht. Seit drei Monaten lebt sie nun bei den Schwaben. Mit Sprüchen wie „Da gibt's sicher auch schöne Ecken" und „Hat Stuttgart nicht ein tolles Ballett?" sei sie vor ihrem Umzug aufgemuntert worden, erzählte mir die Ex-Berlinerin kürzlich. Ich erkundige mich, ob die Namen auf der Kutterschaufel im Dienste der Sauberkeit inzwischen zur Unkenntlichkeit weggeputzt seien.

„Von wegen", antwortete Frau Schmidt, „die Kutterschaufel hängt wie neu in der Küche – in meiner Wohnanlage gibt's den Hausmeisterservice." Da mache keiner die Kehrwoche selbst, weil der Preis dafür in der Miete enthalten sei.

Stell´ dir vor, du ziehst zu den Schwaben. Und nix isch mit Kehrwoch'! Vorurteile sind auch nicht mehr das, was sie einmal waren.

An ihrem neuen Arbeitsplatz bekam Frau Schmidt ein Stuttgart-Buch geschenkt, auf dessen Rückseite steht: „Stuttgart ist ganz anders als sein Ruf." Der Rest der Republik, war bestimmt zu lesen, würde die Schwaben unterschätzen. Schon vor einiger Zeit habe ich beschlossen, keine Bücher mehr zu lesen, auf denen steht, Stuttgart sei anders. Nein, wir sind so, wie wir sind! Wenn Frau Schmidt nur lange genug hier bleibt, wird sie ebenso denken: Wahre Größe ist, wenn dir dein Ruf schnurzegal ist! Mit dem Ruf ist es so eine Sache. So ein Ruf entspricht selten der Wahrheit.

Nehmen wir nur mal ein Stinktier. Es steht im Ruf, fürchterlich zu stinken. Dabei tun Stinktiere dies äußerst selten. Viele stinken nicht ein einziges Mal in ihrem ganzen Leben. Nur im äußersten Notfall strecken sie einem Angreifer ihren Allerwertesten entgegen, um ihn dann – wenn der Angreifer immer noch nicht kapieren will – mit einer Ladung aus den Analdrüsen vollzuspritzen. Bei uns Schwaben verhält es sich ähnlich. Wir werden selten ungemütlich. Aber wenn wir es werden, haben wir allen Grund.

Schon vor über 20 Jahren hat ein Radiosender uns zum „wilden Süden" erklärt, ohne ahnen zu können, dass wir später mal im Kampf gegen einen neuen Bahnhof noch wilder werden würden. Roman Deininger, langjähriger Stuttgart-Korrespondent der Süddeutschen Zeitung und zweifacher Sieger des Stuttgarter Hate-Slames, verkündete redaktionsintern immer, er arbeite im „Büro München-West". Auf diese Weise, hoffte er, müsse er sich nicht fortwährend für Stuttgart entschuldigen. Doch kaum war er bereit, in die Zentrale zurückzukehren, rissen sich die Kollegen um den frei werdenden Außenposten. Denn

in Stuttgart spielt das Leben. Ein grüner OB, ein grüner Ministerpräsident und Bürgerproteste in einem bis dato konservativen Land – das ist für Journalisten ein kleines Paradies.

Irgendwann werden wir den Ruf der Rebellen haben. Und keiner wird mehr Handfeger verschenken, sondern Schutzmäntel gegen Wasserwerfer.

Aber was soll's? Das meiste, was man über uns sagt, ist erstunken und erlogen. Irgendwann kommt jeder zu uns, der Karriere machen will. Und wir strecken wie das Stinktier auch nur den größten Feinden unseren Hintern entgegen!

Dapferle

Wenn Dinos der schwäbischen Theaterszene bei Rotwein und Saft zusammenhocken, geht es laut und vergnügt zu. In so einer Runde kann man allerlei „dinos" hören, die seit Ewigkeiten zur schwäbischen Sprache gehören. Hier einige Beispiele: „Kennsch dino?", „Des han i dino froga wella!", „Wann kann i dino mal im Fernsäh sähn?"

Beim Schauspielerpaar Trudel Wulle und Walter Schultheiß war ich zum Rehbraten eingeladen. Wir saßen zusammen mit Schauspielern der Komödie im Marquardt, in der der Hausherr sehr oft aufgetreten ist und dabei stets ein Publikumsmagnet war. An diesem lustigen Abend im Schwarzwald galt es, ein paar knifflige schwäbische Nüsse zu knacken. Die Schauspielerin Monika Hirsche berichtete vom Mundart-Lustspiel *Laible und Frisch*, in dem sie mitgewirkt hatte. Die Autoren Sebastian Feld und Frieder Scheiffele hätten in das Stück das Wort „Hennenfiedele" eingebaut. Und nun stellte Frau Hirschle uns auf die Probe: Wer wisse denn, was das bedeutet (sie wusste es natürlich)? Ich hatte keine Ahnung. Trudel Wulle lieferte als Erste die Übersetzung. So ein „Hennenfiedele" sei das Hinterteil eines Huhns. Und schon begann ein reger Austausch von tollen schwäbischen Worten. Ha wa mir! Wie lautmalerisch die Schwoba schwätzet! Da ist Musik drin!

Worte wie „Lällebäbel", „Bäämull", „Hosalottel", „Käpsele", „Gräbele", „Breschtlingsgsälz" fielen. Und: „Machet nore! Dapferle! " Besonders beliebt ist das „Muggaseggele", die kleinste Einheit (das Blogfoto stammt von einem T-Shirt). Der Radiosender Antenne1 hat den Versuch gestartet, das „Muggaseggele" in den Duden zu bekommen.

Schwäbische Helden: Die Schauspieler
Walter Schultheiß und Trudel Wulle.

„'s Maul aufreißa, wie es g'wachsa isch" – davon versteht Trudel Wulle viel, die beim *König von Bärenbach* die Fußpflegerin war, als Marktfrau politisches Geschehen live kommentierte und in der Serie „Berlin, Berlin!" die spuckende Lolle vertrieb. Ihre allererste Rolle nach dem Krieg übernahm sie in ihrer Geburtsstadt Heilbronn. In *Hochzeitsreise ohne Mann* vergaß der Hauptdarsteller seinen Text – die junge Trudel rettete die Aufführung, indem sie als Braut ihren Part spontan änderte und die Handlung am Leben hielt.

Unvergessen ist ihr erstes Vorsprechen am Staatstheater Stuttgart. „Ich hatte einen Ausschlag im Gesicht", erinnert sie sich, „wegen meiner Allergie gegen Primeln." Am Ende habe der Prüfer gesagt, sie habe „das Gesicht mit Charme ausgeglichen". Das sind Dinge, die man nie vergisst. Wie auch ihre erste Begegnung 1947 mit Walter Schultheiß am Volkstheater in Stuttgart. Der sei „hochbegabt", habe man

ihr gesagt. „Wollt ihr dicke, fette Pfannkuchen?", fragte der nach dem Krieg abgemagerte Schultheiß – für „net arg hochbegabt" hielt sie das aus dem Mund eines dünnen Herings. 1950 heiratete sie ihren Walter, mit dem sie heute noch mit einem Sketch-Programm regelmäßig auftritt und dabei vorträgt, „was d' Leut so rausschwätzet".
Sie schwätzet mit viel „dinos" raus.

„I seh dino!", „Wehr dino!", „Dann pack i dino am Krage!" Wir hoffen, dass Trudel Wulle und Walter Schultheiß noch lang ihre schwäbische Stimme erheben. Hoffentlich send dino lang unter ons!

Typisch schwäbisch

Sind Sie, liebe Leserinnen und Leser, dem Ampelmännchen hörig? Geben Sie nachts an einer ruhigen Straße Beispiel? Warten Sie auch dann, wenn weit und breit kein Auto naht, aufs grüne Männchen?

Herzlichen Glückwunsch! Dann sind Sie ein typischer Deutscher! Jedenfalls aus der Sicht des 1983 in England geborenen Wahl-Berliners Adam Fletcher.

In seinem Bestseller *How to be a German in 50 easy steps* lesen wir, dass sich ein typischer Deutscher auf alles ganz genau vorbereitet und zu diesem Zweck am liebsten To-do-Listen erstellt. Diese Listen würden ihm nicht nur in der Tagesplanung helfen. Sie machten den typischen Deut-

schen auch glücklich, weil er so viel Spaß daran habe, sie abzuhaken.

Das Spiel mit Klischees funktioniert noch immer. Ohne Vorurteile würden wir rasch die Orientierung verlieren und gar nichts mehr blicken. Wir können Klischees und Vorurteile deshalb noch lange nicht abhaken. Obwohl wir von uns genau wissen, dass wir auch schon bei roter Ampel über die Straße gerannt sind und trotzdem echt deutsch sind.

Den Schwaben im Besonderen treffen noch fiesere Klischees als den Deutschen im Allgemeinen. Der moderne Schwabe von heute, eine coole Socke, hat zwar diesen

Minderwertigkeitskomplex abgelegt, der seine Vorfahren mit ihrem -le-Tick klein machte. Er weiß, was Selbstbewusstsein ist und wie er die passenden schwäbischen Worte in seine immer hochdeutscher klingende Sprache einstreut. Aber er wird narret, wenn man ihn mit dem Hinweis, sein Verhalten sei „typisch schwäbisch", beleidigen will. Goht's no?

Mit einigen Freunden habe ich mich neulich bei Raclette darüber unterhalten. Wir hatten französischen und schweizerischen Käse gekauft und ließen die Gäste raten, welcher Käse von wo stamme. Die kamen rasch dahinter, dass Anhaltspunkte wie Löcher im Käse die Spurensuche erleichtern. Doch dann stellte sich die Frage: Gibt es

etwas, das für die Schwaben so eindeutig spricht wie die Löcher für die Schweizer?

Ein Freund erzählte, dass er eine kulturelle Veranstaltung in einer Bank besucht habe. Nach der Show habe ihn der Regisseur gefragt, wie sie ihm gefallen habe. Der Freund sagte, er sei hinter einer Säule gesessen und habe nicht alles gesehen. Darauf habe sich der Regisseur echauffiert und gemeint, dass der Freund nicht aufgestanden sei und von einem anderen Standort im Stehen weiterzugeschaut habe, sei „typisch schwäbisch". Will er damit sagen, der Schwabe traut sich nix und lässt alles mit sich machen? Obwohl die Welt längst den „Wutschwaben" kennt? Meint

der Regisseur, es sei „typisch berlinerisch", wenn das Publikum mitten im Programm hin und her wandert?

Ein anderer Freund, der als Autor von seinen Büchern noch nicht leben kann und daher im Einkaufszentrum Milaneo jobbt, berichtete, wie ihm an der Kasse unentwegt Kunden ihr Parkticket reichen, um es nach einem Kauf ab-

stempeln zu lassen. Bei Primark erwerben sie T-Shirts, die so viel kosten wie eine Stunde Parken. Aber das Parken soll noch billiger sein. Wenn der Freund dann sagt, es tue ihm leid, das Milaneo gewähre keine Ermäßigung für Parkautomaten, bekommt er immer wieder zu hören, das sei „typisch schwäbisch", also geizig. Warum aber soll es für Autofahrer Vergünstigungen geben, die es für Stadtbahn-

fahrer auch nicht gibt? Damit immer noch mehr Autos und
Feinstaub nach Stuttgart kommen?

Den Vorwurf, etwas sei „typisch schwäbisch", erheben
sogar Schwaben, die sich von ihrem eigenen Volksstamm
abgrenzen wollen. Ist halt typisch für jemanden, der von
nichts eine Ahnung hat – aber zu allem eine Meinung.

Der Spaßfriedhof liegt in München-West

Stuttgart und München – es ist die ewige Kompassfrage: Wer ist oben, wer unten? Seit Menschengedenken mögen die Weißwurst-Zuzler die Häuslebauer nicht sonderlich. Bei der geschätzten „Süddeutschen Zeitung" wird das nicht so begehrte Korrespondentenbüro in Stuttgart redaktionsintern „München-West" genannt, wie Leser dieses Buch bereits wissen. Die Zentrale aber war's, die kürzlich uns Schwaben an prominenter Stelle ihres Blatts – im „Streiflicht" auf Seite eins – köstlich abgewatscht hat. Gut, dass diese wunderbare Kolumne, die seit 1946 oben links ohne Autorenhinweis erscheint, gleich mit dem ollen Kehrwochen-Schwabenklischee beginnt, ist ungefähr so witzig, wie wenn der FC Bayern München 18-mal hintereinander in der Bundesliga gewinnt. Aber dann geht's in der Glosse voll ab. Der „Streiflicht"-Anonymus ernennt Stuttgart – Brüller! – zum „größten Spaßfriedhof von Europa".

Autsch, das tut weh! Aber wer ein bisschen Grips im Hirn hat, freut sich über das Lob. Überlegen Sie mal, liebe Schwäbinnen und Schwaben: Ist ein Spaßfriedhof der Ort, an dem Spaß begraben ist? Mitnichten! Denn auf einem Waldfriedhof ist auch kein Wald begraben. Ganz im Ge-genteil. So ein Friedhof liegt idyllisch im Wald, ebendort, wo die Bäume in den Himmel wachsen. Ist klar, was die „Süddeutsche" sagen will: Im „Spaßfriedhof Stuttgart" sprießt der Spaß besonders schön. Danke nach München, so sehen wir das in München-West auch!

Wer von den Schwaben keinen Keller hat, geht zum Lachen zu einer bayerisch gefärbten Angermaier-Dirndl-VIP-Party. Der „Herr Angermaier", wie alle Dr. Axel Munch nennen, den Chef eines Münchner Trachtenimperiums, hat den Umzug seiner Stuttgarter Filiale von der oberen in die untere Eberhardstraße mit etlichen Damen gefeiert, die, wie Bayern sagen, ordentlich Holz vor der Hütte haben. Man will schließlich sehen, wie das Trachtengeschäft expandiert, weil Doktor Munz, der vor über 25 Jahren das Geschäft vom echten Herrn Angermaier übernommen hat, aus Prinzip keine Umsatzzahlen rausrückt.

Der fröhliche Herr, der über einen blond gefärbten Rest-haarkranz verfügt, lebt in München, in Deutschlands Bussi-Bussi-Metropole, die so viele Baby Schimmerlose hat wie wir Kittelschurz tragende Kehrwochen-Monster. Also habe ich beim Googeln rasch entdeckt, was der in Göppingen geborene Munz über sich in bayerischen Leitmedien lesen konnte: Als stolzer Vertreter der Ü-60-Generation hat er eine schöne Münchnerin, eine Dirndl-Designerin erobert, die nicht nur 20 Jahre jünger ist als er, sondern auch einen Kopf größer. In einer schwäbischen Klatschkolumne würde so was niemals stehen, nie!

Gelacht wurde viel bei dieser kleinen, feinen Trachtenparty. Ein Sindelfinger CDU-Stadtrat erzählte von einem 82-jährigen Bekannten, dessen Freundin noch keine 40 sei. Der 82-Jährige sei beim Arzt gewesen, der ihn gewarnt habe, dass man ab einem gewissen Alter beim Sex sterben könne. „Ist mir egal, wenn sie stirbt", soll der Alte gesagt haben. Brüller!

Warum das Münchner Oktoberfest Jahr für Jahr vor dem Cannstatter Volksfest Nummer eins der Welt wird, ist klar. Auf der Wiesn ist das Frühlingsfest im Grunde unbedeutend. Allein daran liegt's. Auf dem Wasen brummen hingegen die Bierzelte beim größten Frühlingsfest von Europa immer schon im April.

Die Münchner sind bis zum Herbst dann so ausgetrocknet, dass sie viel massenhafter zum Saufen kommen.

Trotzdem – oder gerade deshalb? – ist's auf dem Wasen schöner, wie eine der Dirndl-Trägerinnen aus München meinte. Auf der Wiesn stolpere man bereits am Vormittag über Bierleichen, während auf dem Wasen zu dieser Zeit noch tote Lederhose sei. Außerdem müsse man in München, um reingelassen zu werden, Ordnern am Zelteingang Bakschisch bieten. Auf einen weiteren Unterschied zwischen Wiesn und Wasen weist eine Mitarbeiterin hin, die Doktor Munz herbeiruft, weil ihm selbst keine Unterschiede einfallen: Während in München der Trend bei Dirndl zu gedeckten Farben gehe, würden in Stuttgart mehr Glitzer, Glanz und grelle Stoffe verlangt. Die Schwäbinnen seien in Modefragen viel mutiger. Ha wa, mir! Des isch halt des.

So umtriebig, schrill und spaßig sind wir Schwaben, dass wir dereinst auf dem Friedhof – na was wohl – finden? Unsere erste Ruhe!

GOHT'S NO?

BLOSS G'SCHEIT
ISCH AU DOMM

SCHWÄBISCHE
EROTIK

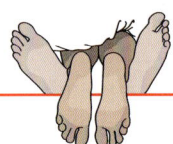

Der Killesberg-Gigolo

Frauenhelden, Frauenparkplätze, Frauenpower, Frauenquote, Frauenüberschuss, Frauenkenner, Frauenzimmer. Es gibt so viele Worte mit Frauen.

Gibt es auch ein Frauenauto? Im Duden steht es nicht. Die Automobil-Hersteller verneinen unisono diese Frauenfrage. Gerade den jüngeren Menschen seien beim Autokauf die gleichen Dinge wichtig, ist zu hören, gleich ob Frau oder Mann. Auf dem Killesberg, der noch immer teuersten Wohnlage Stuttgarts, weiß man es besser. Dort klemmen immer wieder kleine Karten unterm Scheibenwischer kleiner Autos wie Fiat 500, VW Polo, Renault Twingo, Fiat Panda, Peugeot 207. Die Karten sind mit Rosen verziert.

Eine Kollegin aus der Sportredaktion wohnt auf dem Killesberg und fährt eine Knutschkugel, einen Fiat 500 also. Sie hat diese Rosenflyer in der Größe von Visitenkarten in die Redaktion gebracht. Innerhalb von zwei Wochen bekam sie vier davon. Erst dachte sie, die habe ein Autohändler rangehängt, der Gebrauchtwagen sucht, um sie zu verscherbeln. Auffällig war, dass diese Karten niemals an dem Auto ihres Freundes hingen. Der Aufdruck erklärt warum: „Callboy für die Dame, diskret, seriös, bestes Niveau.“

Killesberg-Ladys aufgepasst. Da will einer an euer Geld und verspricht Niveau. Im Gewerbe, das angeblich das älteste der Welt ist, gibt's neue Werbeideen. Direktmar-

Nachtaktiv: Der Gigolo vom Killesberg.

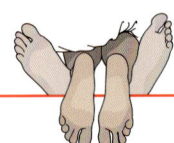
keting würde man das in anderen Branchen nennen. Das macht neugierig: Wer ist dieser Rosen-Lover?

Vergeblich habe ich Kolleginnen gebeten, nur zur Recherche bei diesem „Marc, 38 Jahre" anzurufen. Sie zierten sich. Also musste ich selbst wählen, auf die Gefahr hin, dass der Mann bei einem Mann gleich auflegt. „Marc, 38" jedoch ist freundlich. Ob ich denn auch in seinem Beruf einsteigen wolle?, fragt er. Ich konnte ihn beruhigen. Als Konkurrent für ihn sei ich nicht geeignet. Mir gehe es lediglich um ein Telefoninterview für die Stuttgarter Nachrichten. Fassen wir zusammen: Der Mann, der seinen Beruf als Fitnesstrainer angibt, verdient seit sechs Jahren als Callboy für Damen dazu (er verlangt 250 Euro pro Abend) und bringt seine Reklame gezielt an Autos an, die er als Frauenautos einstuft. Früher habe er in München seine Lie-

besdienste angeboten – da gehe das Geschäft wesentlich besser. „In Stuttgart ist's mau", sagt er. Seine Kundinnen seien im Schnitt 35 bis 45 Jahre, darunter viele Geschäftsfrauen. „Die meisten sind attraktiv", sagt er, „wenn sie's nicht sind, hilft nur Augen zu und durch." Außerdem gäbe es ja kleine blauen Pillen, um die Arbeitsfähigkeit herzustellen.

Die gab es vor über 30 Jahren noch nicht, als Richard Gere den Edel-Callboy im Hollywood-Hit „Ein Mann für gewisse Stunden" spielte. Die gewissen Stunden mögen mitunter gewisse Minuten sein – doch auch der Killesberg-Gigolo unserer Tage weiß: In diesem Beruf sind's nicht nur schöne Sünden, die es zu entdecken gibt. Man könnte Stoff für eine Sozialstudie sammeln – über Einsamkeit von Frauen, über Geschäftsfrauen, die tough im Job sind, aber privat das Glück nicht finden.

Frauenleiden, Frauenbuchladen, Frauenwahlrecht, Frauensache, Frauenemanzipation. Es gibt so viele Worte mit Frauen. Warum nicht auch Frauenbegleiter? Als Frauenversteher nehmen wir einiges hin. Doch können wir Männer Frauen jemals verstehen? Aufschlussreich war, was passierte, als ich meine Recherchen über den Killesberg-Gigolo ins Netz stellte. Sehr viele Frauen schickten mir Kommentare, in denen sie die Lover-Qualitäten dieses Marc rühmten. Oder war es gar Marc selbst, der als falsche Frau gefakte Mails in meinem Blog gepostet hat? Das würde doch passen. Die Komplimente, die er seinen Kunden macht, dürften meist auch nicht ganz echt sein. Flirt-Fakes sind aber keine schwäbische Besonderheit.

Der Killesberg zählt zu den reichsten Wohnbezirken der Stadt, weil er mehr hat als andere. Der Killesberg hat mehr

Geld – und einen Gigolo, der immer so schnell seine Visitenkarte an Frauenautos steckt, dass man ihn niemals sieht. Der Killesberg ist bei manchen Stuttgartern ein Schimpfwort, aber zugleich auch ein Sehnsuchtsort. Auf die Halbhöhe ziehen Ärzte hinauf, die vor dem Doktor noch einen Professorentitel vor sich hertragen. Aber nur kein Neid. Etliche Killesberg-Ladys müssen sehr einsam sein. Keiner weiß das so gut wie Marc.

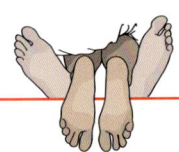

Wer steht schon auf Spätzle-Sex?

Von klein auf wissen wir von Oma, was ein Spätzle-Brett und was Spätzle-Teig ist. Schwäbische Separatisten haben in Berlin vorgemacht, was eine Spätzle-Attacke auf wehrlose Denkmäler ist. Aber was ist Spätzle-Sex? Oma sprach nie davon. Im Duden steht dieses verkuppelte Wort nicht.

Es war im Friedrichsbau Varieté, als unser Tisch auf Spätzle-Sex zu sprechen kam. Eine Freundin informierte unsere Runde über einen Artikel, den sie im Online-Medien-Portal „Meedia" gelesen hatte. Der wirkte immer noch nach. Es bestand Gesprächsbedarf, bevor die Artisten die Bühne betraten.

Unter der Überschrift „Spätzle-Sex" hat besagtes Portal berichtet, dass in Ulm Volontäre der Südwest Presse ein regionales Erotikmagazin mit dem Titel „Reizvoll" herausbringen. „Wenn das in ULM funktioniert", sagte die Freundin, bevor sie das Wort „ULM" zweimal wiederholte. Beim Sprechen, ich weiß, kann man ein Wort nicht großschreiben. Doch bei ihr klang es so. „Wenn das in ULM funktioniert", fuhr die Freundin fort, die als Pressesprecherin arbeitet, „dann müsste es in Stuttgart noch besser klappen – in Stuttgart wird es wohl einige Themen mehr für ein Erotikheft geben als in ULM."

Von der linken Tischseite fragte Freund1 indiskret nach: „Wer von euch hatte schon mal Spätzle-Sex?" Er sah aus, als zähle diese Spielart nicht zu seinem bevorzugten Repertoire. „Die Redaktion von ‚Meedia' ist in Hamburg", erklärte von rechts Freund 2, „dort haben die noch ihre Spätzle-

Schätzle-Schwaben-Fantasien." Unter Spätzle-Sex würden sie sparsamen Sex verstehen, weil Schwaben im deutschen Klischeefahrplan als geizig gelten. Freund 2 wollte beweisen, wie großzügig Schwaben sind, und bestellte für uns zwei Käseteller mit vier Gabeln.

Die Freundin verteilte bereits die Aufgaben bei der Herstellung eines anspruchsvollen Erotikmagazins für Stuttgart. Freund 1 wurde zum Vertriebschef ernannt. Mir wies sie die Redaktionsleitung zu. Wie gut Erotik zu Niveau passt, beweise Mascha Hülsewig, die in Teilzeit als Varieté-Sprecherin arbeitet. Mit einer Freundin hat sie im Westen die Erotique-Boutique „Frau Blum" eröffnet. Dort gingen Vibratoren und Gemüse-Dildos am besten. Auf unseren Käsetellern befand sich kein junges Gemüse. Wir stocherten

Erotik trifft Artistik: Künstler im Friedrichsbau Varieté.

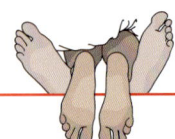
mit vier Gabeln los. Wir Männer waren uns einig: Die Freundin kann ohne uns planen. Beim Erotikmagazin würden wir nicht mitmachen. Sex, dieses Dauerthema, das im Internet jederzeit abrufbar ist, reize nicht zum Kauf eines Heftes.

Die Show hatte mittlerweile begonnen, doch unser Dauerthema wollte unseren Tisch nicht verlassen. Wir wurden immer alberner. Auf der Bühne balancierte ein junger Artist mit unverschämten, weil unverhüllt präsentierten Sixpacks auf zwei Stangen. Die Sängerin bestand vor allem aus nackten langen Beinen. Der Magier Topas, der sich zu Musik von Howard Carpendale in den Schritt fasste, holte einen Zuschauer zu sich hoch. Auf der Rückseite seines T-Shirts stand – was? „Sex", las die Freundin vor. Wie lustig ein Shirt mit Rückennummer 6 sein kann!

In einer Art Riesenvogelkäfig verrenkten sich zwei kaum bekleidete Artistinnen aufeinander zu – beide im Spagat, die eine oben, die andere unten. So ging das immer weiter. Es ging so weit, bis die Freundin uns Männer am Tisch weichgeklopft hatte. Freund 1 und Freund 2 lobten plötzlich das neue Verlagsprojekt, als hätten sie's erfunden. Sie stritten sich, wer wen vom knackigen Varieté-Ensemble für das Erotikmagazin zuerst interviewen oder hüllenlos fotografieren dürfte.

Vergessen Sie, liebe Leserinnen und Leser, Spätzle-Sex! In der Clique im Varieté hat man viel mehr Spaß. So eine Show kann sehr reizvoll sein.

Wie angelt man sich eine Nixe? Lara Paxten in der Friedrichsbau-Show "Mr Hobdoblins Wunderwelt"

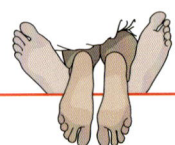

Fremdgehen für alle

Schon wieder eine Buchhandlung weniger! In dem Dorf, in dem ich wohne, das nicht weit von einer Großstadt entfernt ist, die manche für ein großes Dorf halten (wir sind also dicht dran an Stuttgart), steht ein Laden leer und wartet auf neue Mieter. Hier hat – gegenüber der Dorfkirche – eine kompetente Buchhändlerin endgültig dichtgemacht. Ein weiteres Opfer von Amazon? Immer weniger Orte zum Blättern und Schnuppern in Buchseiten bleiben. Im Internet riecht man nichts und redet wenig. Mit meiner Friseurin, die neben der früheren Buchhandlung praktiziert, pflege ich den Mensch-zu-Mensch-Kontakt. Kürzlich war ich wieder dort. Wir besprachen die ernste Lage, die sich für viele Ladenbesitzer in Zeiten des Online-Shoppens ergibt. Plötzlich stellte sie erfreut fest, mit dem Bestatter des Dorfes was gemeinsam zu haben: „Sterben und Haare schneiden kann man noch nicht im Internet."

Aber sonst kann man fast alles im Netz. Es gibt sogar immer mehr Menschen, die ihr Leben dem Internet verdanken – weil sich Mama und Papa online kennen gelernt haben. Und wenn Papa nach einer gewissen Zeit mal ein bisschen Abwechslung von Mama haben will, geht er wieder ins Netz, um alles daranzusetzen, mit der Unbekannten, mit der es nicht beim Chatten bleiben soll, niemals Kinder in die Welt zu setzen. Womit wir beim Fremdgehen wären.

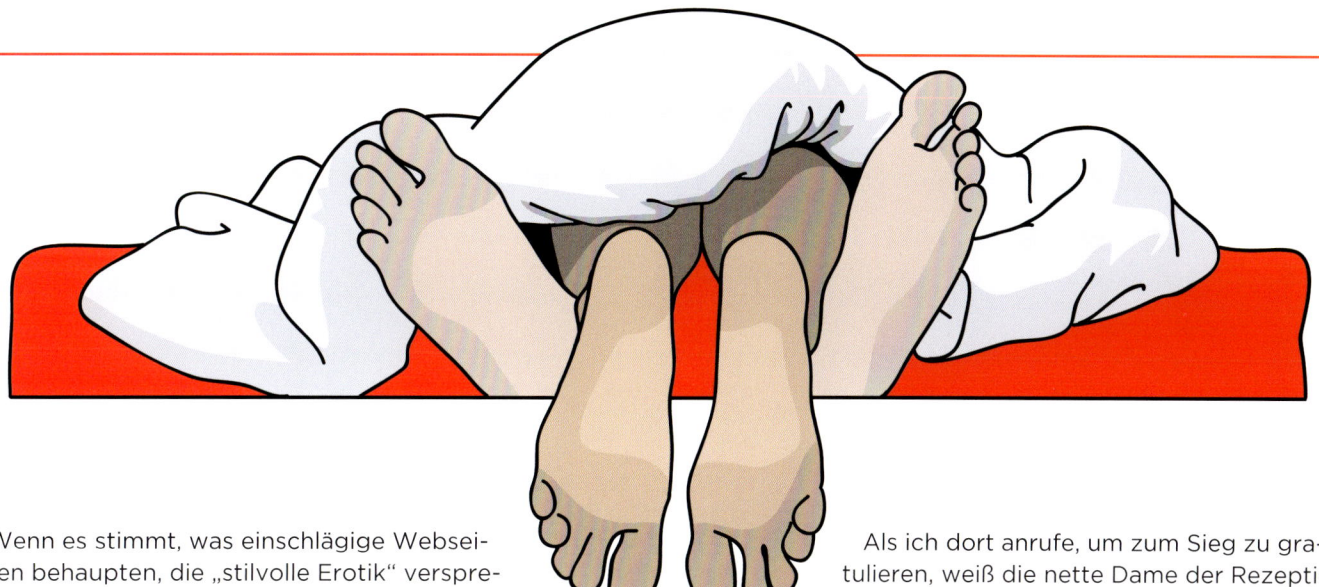

Wenn es stimmt, was einschlägige Webseiten behaupten, die „stilvolle Erotik" verspre-
chen oder „gelebte Fantasie", so ist Stuttgart bei
Auswärtsspielen führend. Eine Seitensprung-Agentur
behauptet, momentan würde es in Stuttgart 52.150 Männer geben, die fremdgehen würden, wenn sie könnten,
also die Gelegenheit hätten. Ist vielleicht ein bisschen viel
Konjunktiv in nur einem Satz, aber bis zum Tunwort ist es
oft nicht weit. Man tut's bevorzugt im Hotel. In einer Pres-
semitteilung hat eines dieser Portale die „beliebtesten
Hotels für Fremdgeher in Stuttgart" aufgelistet. Demnach
steht das „Azenberg" auf Platz eins.

Als ich dort anrufe, um zum Sieg zu gra-
tulieren, weiß die nette Dame der Rezeption
nicht, ob sie geschmeichelt oder verärgert sein
soll. „Wir wurden nicht gefragt, ob wir in dieser
Hitliste genannt werden wollen", sagt sie. So diskret
ist das Portal. Laut der besagten Erhebung verschwindet die Mehrzahl der Fremdgeher noch vorm Frühstück.
Nur ein Drittel bleibe die ganze Nacht. „Unser Hotel kann
nicht stundenweise gebucht werden", stellt die Azenberg-
Sprecherin klar. Aber man wisse nicht, wer – obwohl
die ganze Nacht bezahlt wird – nach wenigen Stunden
in Richtung Ehebett verschwindet. Pssst! Ist ein offenes
Geheimnis: Besonders City-Hotels haben Männer und

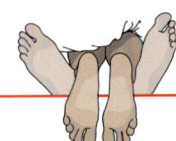

Frauen zu Gast, die verheiratet sind, nur nicht miteinander. „Sollen wir uns den Eheausweis zeigen lassen?", fragt die Hotel-Sprecherin. Diese Zeiten sind zum Glück vorbei. Wir befinden uns in modernen Zeiten, in denen auf der Azenberg-Webseite steht: „Ihr Hotel zum Entspannen!"

Was die Fremdgeh-Börsen mit ihren Statistiken bezwecken, die keiner überprüfen kann, ist klar. Sie wollen uns verklickern, dass der Großstadt-Mensch ohne Affäre arm ist. Mit ihr wird er freilich noch ärmer – sein Geld soll er bei der Suche nach Außer-der-Reihe-Sex an die Online-Portale abdrücken. Auf diesen Webseiten findet man übrigens Tipps, wie man erkennt, ob der Partner fremdgeht. Wer sein Handy daheim rumliegen lasse, sei garantiert treu. Verdächtig aber müsse es sein, „wenn der Partner grundlos glücklich ist", steht da.

Das ist hart! Niemals dürfen wir den Anschein erwecken, einfach so glücklich zu sein – selbst wenn wir es mit unserem Partner sind! Es könnte falscher Verdacht aufkeimen. Stinkstiefelig müssen wir unser häusliches Dasein gestalten, bis der Partner genug von uns hat und in einen Seitensprung flüchtet. Nichts anderes bezwecken die Agenturen. Die Vermehrung der Untreue ist ihr Geschäftssinn. Schon Oscar Wilde sagte: „Nur der Treulose kennt die Tragödien der Liebe." Das nächste Buch eines Dichters wie Wilde kaufen wir nicht im Internet, sondern in einer Buchhandlung. Der zumindest sollten wir treu sein!

Zum „beliebtesten Hotel für Fremdgeher in Stuttgart" gekürt: das Azenberg.

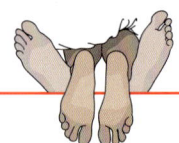
50 traurige Meter

Bitte nicht nachmachen, liebe Erwachsene! Wir sehen hier auf dem Foto einen Raum, der sich mit dickem Qualm füllt. Wir sehen einen Mann, der raucht. Männer, die rauchen, haben für gewöhnlich keine gute Presse. Als verantwortungsbewusster Autor sollte man ihnen grimmig zurufen: Was Sie da machen, lieber rauchender Mann, ist aktive Sterbehilfe! Das ist Sterbehilfe für sich selbst!

Auf dem Weg zum Bistro Brenner im Bohnenviertel, wo dieses fantastische Qualmfoto entstanden ist, musste ich Slalom laufen. Junge Trägerinnen von Hot Pants stellten sich mir in den Weg und stammelten drei Worte: „Schatzi, blasen, ficken." Das war ihr gesamter Wortschatz, schätze ich mal.

Der Mann auf dem Foto, das Silvie Brucklacher-Gunzenhäußer grandios in Szene gesetzt hat, ist der Altstadt-Maler Jürgen Leippert. Vom „New Yorker Virus" hat sich der gebürtige Stuttgarter, der sich selbst unter „expressivem Realismus" einordnet, jahrelang mit Lust und Leidenschaft anstecken lassen. Es gab Zeiten, da malte er wie besessen in New York und konnte sich eine Rückkehr in die schwäbische Heimat nicht vorstellen. Doch jetzt ist er wieder gern daheim, was nicht nur an seinen Alter liegt, er ist über siebzig. „In New York darf man nicht mal mehr im Central Park rauchen", sagt Leippert voller Unverständnis. Manch ein Künstler muss auf Widrigkeiten stoßen, um noch besser als gut zu werden. Aber New York macht es ihm dann doch zu schwer.

Die Fotografin Silvie Brucklacher-Gunzenhäußer, immer auf der Suche nach Stadtoriginalen, nennt ihre Fotoserie „Rotraits", für die sie seit dem Jahr 2003 Gesichter der Stadt vor rotem Stoff abbildet. Mit Selbstbewusstsein und Stolz führt sie die bunte Menschenvielfalt von Stuttgart vor. Als die Fotografin mal wieder im Brenner vorbeischaute, saß Leippert „zufällig", wie er sagt, unter seinem Bild. Silvie Brucklacher-Gunzenhäußer erkannte sofort: Das muss ein eigenes Foto werden. Sie vereinbarten einen Termin. Für das Fotoshooting trug er Käppi und Malerkittel wie auf dem „Rotrait" hinter ihm und durfte ausnahmsweise auch mal drinnen im Brenner rauchen. Das gefiel dem Künstler gut.

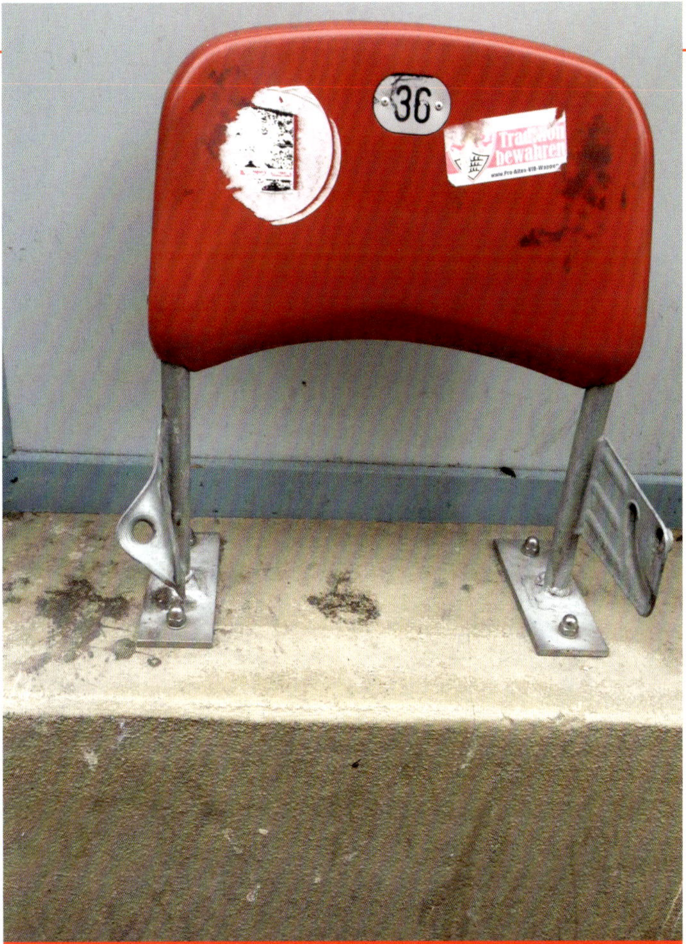

Der zerstörte Klappsitz von Altstadt-Legende Jeanny.

Bitte nicht nachmachen: Künstler Jürgen Leippert qualmt am Tisch und auf dem Foto von Silvie Brucklacher-Gunzenhäußer.

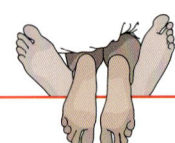

Sonst müssen Raucher immer raus. Es sind die Detektive der Stadt, die sich vor den Kneipen versammeln und alles mitbekommen. Was Leippert auf diese Weise in der Altstadt beobachtet, in der sich sein Atelier am Leonhardsplatz 22 befindet, gefällt ihm gar nicht. Junge Mädchen aus Ostblock-Staaten schaffen an, etliche ziehen dafür mit ihrer Mutter nach Stuttgart. Schon nach wenigen Wochen erkennt der Maler sie kaum wieder. Auf der Straße altern die leicht bekleideten Rumäninnen schnell, die einem „Schatzi, blasen, ficken" hinterherrufen. Ihre Gesichter sind von Drogen gezeichnet. Der Verschleiß ist groß. Junge Gesichter kommen nach, die nicht lange jung bleiben. Mit Altstadt-Romantik hat das nichts mehr zu tun. Die Milieumutti Jeanny, deren Platz über Jahrzehnte die Ecke Leonhard-/Jakobstraße war und die sogar einen eigenen Klappsitz hatte, kommt nicht mehr. Ihr Sitz ist zerstört. Was für ein Symbol für die ganze Straße: Das „Städtle" verfällt. Alles ist sehr trostlos geworden.

Von „50 traurigen Metern" spricht Leippert, wenn es um seine Straße geht. Früher bezahlte er seine Miete mit einem Bild. Jetzt hat der Besitzer des Eckhauses gewechselt – er will Bares, Die Stadt nutzte ihr Vorkaufsrecht nicht – ein privater Eigentümer hat das Haus gekauft, das früher wohl laufen konnte, weil man es „Laufhaus" nannte. Im Erdgeschoss des ehemaligen Puffs befand sich zuletzt eine Galerie.

Die Wirklichkeit ist zu traurig, als dass Jürgen Leippert sie abmalen wollte. „Du musst die Wirklichkeit im Verborgenen suchen, richtig erkennen und interpretieren", sagt er. Zum Glückmoment wird es für ihn, wenn er es schafft, „das innere Bild, das jeder Mensch in sich trägt, und das äußere Bild in Einklang zu bringen."

Als „Lebemann" wird Leippert manchmal bezeichnet. Als solchen sieht er sich nicht. „Ich bin doch kein Gunther Sachs, kein Playboy", wehrt er ab. Doch er versteht es zu leben. Er zerbricht nicht an Widrigkeiten. Und irgendwann wird er doch mal wieder nach New York fliegen. Auch wenn er nicht weiß, ob er eine so lange Reise ohne Zigaretten überlebt.

Maler Jürgen Leippert auf dem Schlossplatz.

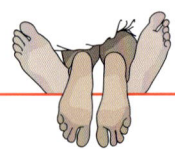
Die Bikinifigur des Mannes

Noch weiter zulegen will die Radiostation Antenne 1 bei den Hörerzahlen und hat deshalb den besten Abnehmer des Landes gesucht. Der Privatsender setzt auf Heimatstärken (Slogan: „Hier für euch") und ruft jede Woche zum Schwabenrekord auf. Den sicherte sich zuletzt Ralf aus Sonnenbühl. In vier Jahren speckte der Sieger unglaubliche 90 Kilo ab. Die Internetgemeinde diskutiert, ob diese Leistung wirklich so großartig ist, weil sich Ralf aus Sonnenbühl angeblich einen Magenbypass hat legen lassen. Bei dieser Methode wird ein Teil des Magens stillgelegt. Käse schließt den Magen, hieß es bisher. Jetzt tut's der Operateur.

Es scheint, als könne der Schönheitschirurg zur Förderung der erotischen Anziehungskraft alles richten. Man legt sich auf den OP-Tisch und sagt: Bitte, einmal Bikinifigur! Übrigens spricht man auch bei Männern von einer Bikinifigur. Denn Männer ziehen am Strand den Bauch ein, sobald sie einen Bikini sehen.

Mit den steigenden Temperaturen kommt er halt wieder, dieser jedes Jahr unerreichbare Wunsch nach der

Bikinifigur. Im Freibad und am Baggersee will man sich nicht immer ein Handtuch auf die Wampe legen. Welche Crash-Diät hilft am besten? Kürzlich überraschte ein Bekannter beim Essen im Restaurant, indem er vorm ersten Gang Peperoni bestellte. Die verdrückte er mit verzerrter Miene. Der Magen, erklärte er mir, möge die Überreizung mit Scharfem nicht, weshalb der Appetit reduziert werde. Lässt sich so der Körper austricksen?

Als wir in der Redaktionskonferenz der Stuttgarter Nachrichten über erfolgversprechende Diäten sprachen, meinte ein Kollege – ich glaube, er hat weder eine Bikini- noch eine Tangafigur, aber ich hab' ihn noch nie beim Schwimmen getroffen – ganz ruhig: „Abnehmen wird überschätzt."

Und ein anderer wusste, wie man ganz schnell runterkommt von den Pfunden: „Bei meiner Scheidung hab ich nur 76 Kilo gewogen." Heute dürften es – er ist zum zweiten Mal verheiratet – 90 sein. Nur um am Strand nicht wie ein Fettkloß auszusehen, können wir doch nicht die Liebste zum Teufel jagen. Ein Single wie Travestiekünstlerin

Unterhosen-Model von Banani.

Frl. Wommy Wonder hat den Nachteil, dass sie sich zum Zwecke des Schlankwerdens nicht mal von irgendjemandem trennen kann. „Bikinifiguren lassen sich nicht schnüren", sagt Wommy, „deshalb ist das für mich unerreichbar – in diesem Leben und im nächsten." Wie aber übersteht sie den Sommer? Ihre Antwort: „Ich verhänge die Spiegel, das ist das Einzige, was hilft."

Beim Spiegelboykott wird keine Trägerin ihre eigene „Bikini-Zone" und ihre „Bikini-Brücke" sehen. Frauen, die sich's erlauben können, posten ihre Brücke im Netz. Soll gerade groß in Mode sein. Als „Bikini-Bridge" wird der Körperbereich zwischen den Hüftknochen bezeichnet, über den sich der Bikinistoff leicht abhebt – je ausgeprägter, desto besser.

Wer bis zur Sommersaison immer noch Fettpölsterchen spazieren trägt, sollte trotzdem nicht aufs Sonnenbaden verzichten. Körperliche Mängel lassen sich mit besonders ausgeprägtem Sinn für Humor ausgleichen. Machen Sie, liebe Leserinnen und Lesern, halt ein paar Späße mehr. Erzählen Sie etwa diesen Brüller: „Mama, darf ich im Sommer einen Bikini tragen?" – „Nein, Patrick."

I GLAUB, DIR BRENNT

DR KIDDL

DAS SCHWÄBISCHE
WELTSTÄDTLE

Für die Länge eines Quickies

Mit patriotischem Stolz hört man Amerikaner ausrufen: „Bei uns kann jeder Präsident werden!" In unserem Weltstädtle Stuttgart gilt: Bei uns kann jeder eine Präsidentensuite mieten! Vorausgesetzt, er zahlt 4500 Euro. So viel kostet im Hotel Le Méridien die Suite mit der Nummer 515 pro Nacht.

Die 515 befindet sich im fünften Stock der Luxusherberge – mit dem besten Blick der Stadt auf die Bahnhofsbaustelle (man sieht sie nur und hört nichts – der Schallschutz ist top!). In der 250 Quadratmeter großen Präsidentensuite sind nicht allein die Wasserhähne vergoldet. In der Toilette kann man sogar eine goldene Spültaste drücken.

Bisher war in meinem Budget keine Nacht in der 515 drin. Aber für 15 Minuten durfte ich sie mir anschauen.

„Everyone will be famous for 15 minutes", sagte Andy Warhol 1968. Zum zehnten Geburtstag des Le Méridien in Stuttgart konnten sich die Gäste für 15 Minuten präsidial fühlen. Denn alle – in Gruppen aufgeteilt – wurden für einen Besichtigungsquickie in den fünften Stock geführt. Zuvor bekam jeder eine Codekarte ausgehändigt. Ein lustiges Spiel: Wenn sich die Luxussuite mit dem Code öffnet, hat man sie gewonnen und darf eine Nacht in dem Bett schlafen, in dem sonst gekrönte Häupter, Popstars und Scheichs ruhen.

Die Nacht kostet 4500 Euro: Präsidentensuite des Hotel Le Meridien.

Als vor zehn Jahren Hoteldirektor Bernd Schäfer-Suren das frühere Interconti für die Méridien-Kette eröffnete, die damals der Investbank Lehman Brothers gehörte, gab es in Stuttgart nicht mal Stadtrundfahrten für Touristen. Heute sei vor allem dank der Porsche- und Mercedes-Museen das touristische Geschäft wesentlich besser, doch noch immer sieht Schäfer-Suren „Luft nach oben".

Luft nach oben sah das Hotel wohl auch in Sachen 515. Im Eröffnungsjahr hat die Präsidentensuite „nur" 1850 Euro pro Nacht gekostet. Der Preis hat sich in zehn Jahren auf 4500 Euro mehr als verdoppelt. Die nette Hotelmitarbeiterin, die uns zu der Tafel im Esszimmer, zum Kamin,

in den Wintergarten mit Laufband, zum 42-Zoll-Flach-bildschirm vorm Doppelbett, zu der Bibliothek und dem Whirlpool für mehrere Personen führte, wollte nicht sagen, wer hier zu schlafen beliebt. Das Hotel sei der Diskretion verpflichtet. Aber ein Blick ins Zeitungsarchiv bringt's ans Licht: Mick Jagger war hier, Maradona, Kissinger, Königin Silvia. Bryan Adams entschuldigte sich im Gästebuch fürs Chaos, das er angerichtet hatte.

Meinen Besuch in der Präsidentensuite habe ich mit dem Smartphone im Marmorbad festgehalten und damit bei Facebook spöttische Kommentare wie „In der Wanne ist nicht mal Wasser" und „Sieht altbacken aus" geerntet. Übrigens ist nicht alles großspurig hier. Die Präsidenten-Sauna ist winzig. Da würde Obama ausgestreckt nicht reinpassen.

Für 15 Minuten habe ich mit Sternekoch Frank Oehler, Entertainer Michael Gaedt und anderen in der 515 residiert. Luxus? Was für ein Tanz wird da oft um das Überflüssige gemacht! In Wahrheit werden selbst mit goldener Klo-spülung Sitzungsergebnisse nicht veredelt.

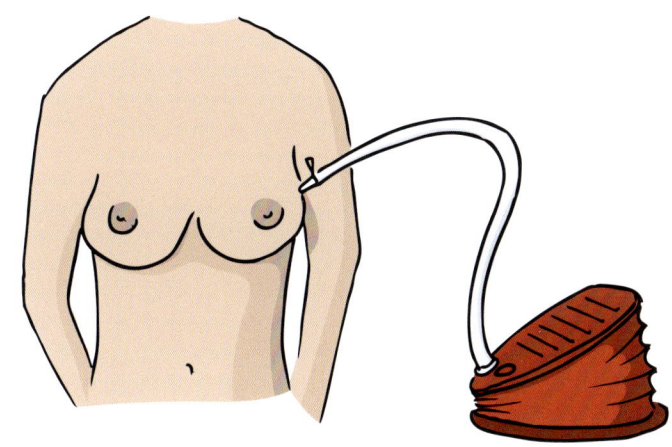

Dein Herz hat keine Falten

Was, die auch? Hat auch Bestsellerautorin Gaby Haupt-mann („Suche impotenten Mann fürs Leben") „was ma-chen lassen", wie man so schön sagt, wenn der Mensch fürs Schönsein nicht allein der Natur vertraut? Stell dir vor, halb Deutschland lässt straffen, unterspritzen, Schlupflider wegschnippeln – und keiner gibt's zu.

Die Schriftstellerin vom Bodensee aber fürchtete die Blitzlichter der Pressefotografen und die Kameras der Boulevardmagazine nicht, als sie zur VIP-Party des Schön-heitschirurgen Christian Fitz in dessen Privatklinik auf der

Karlshöhe kam. Andere Promis, die zu den Patienten (oder sagt man Kunden, weil sie krank nicht sind?) des in bester Hanglage operierenden Stuttgarters zählen, hätten ab-gesagt, um lästigen Fragen auszuweichen. So hörte man. Gaby Hauptmann aber stolzierte gewohnt selbstbewusst über den roten Teppich.

„Es ist die Kunst des sehr guten ästhetischen Chirurgen, dich gut fühlen zu lassen", sagte die Autorin aus der Ü-50-Generation, „ohne Gummibootlippen und aufgeplusterte Höckerwangen." Wenn man bei einer nicht mehr ganz

jungen Frau sieht, dass man nichts sieht, außer dass sie strahlend und frisch wirkt, könne es drei Erklärungen dafür geben.
Gaby Hauptmann zählte sie auf:

1. extrem gute Gene,
2. ein hervorragender Chirurg,
3. eine wunderbare neue Liebe.

Bitte ankreuzen: 1, 2 oder 3. „Es können aber auch alle drei Punkte gleichzeitig zutreffen", meinte Beauty-Doc Fitz. Draußen herrschte ein Parkchaos. Kam mir mit meinem Golf zwischen all den Porsches ziemlich mickrig vor. Drinnen sah man die besagten Gummibootlippen, Gesichter, auf denen die Haut so festgezurrt ist, dass nur ein angedeutetes Lächeln möglich ist. Protzen, stöckeln, zeigen, dass man am schönsten ist! Echt, man fragt sich: Hat die Welt keine andere Probleme?

1, 2 oder 3? Wer weiß – vielleicht sammelte Schriftstellerin Gaby Hauptmann in der Stuttgarter Klinik inmitten der hiesigen Society auch nur Stoff für einen neuen Roman? Hier drei Vorschläge für den Buchtitel:

1. Suche Brustsilikon fürs Leben,
2. Schöner als die Natur erlaubt,
3. Dein Herz hat keine Falten.

Diese Liebeserklärung solltest Du im Buch unbedingt unterbringen, liebe Gaby: „Und wirft dein Po auch Falten, wir bleiben doch die Alten."

Bestseller-Autorin Gaby Hauptmann mit Golf-Kollegen, die ganz genau hinschauen, auf der 18-Loch-Anlage im Schönbuch.

Kathrin tanzt nicht mehr

„Ihr Kinderlein, kommet", hatte auf der Einladung gestanden. An vier Donnerstagen vor Weihnachten wollte Uwe Sontheimer, der so etwas wie eine Stuttgarter DJ-Legende ist, mit alten Freunden in der neu eröffneten Königsbau-Suite feiern wie früher – mit Blick auf einen Weihnachtsbaum, der nie zuvor auf dem Schlossplatz so kitschig und so weit in den Nachthimmel hinauf geleuchtet hat.

Etwa zu der Zeit, als Helmut Kohl Kanzler war, legte Sontheimer in den Clubs Boa, Oz und im Perkins Park auf. Es war die Zeit, als man zu Partys noch Plattenkisten analog schleppte und nicht wie heute 20 000 Songs ohne Mühe auf einen Festplatten-Streich mitbringt. Über die sozialen Netzwerke hatte es sich digital herumgesprochen, dass beim „Advent Dancing" das Beste aus Disco, Funk und Soul laufen sollte – für ein Publikum, das im Stress von Arbeit und Familie viel zu selten dazu kommt zu feiern wie einst mit Schmetterlingen im Bauch.

Sontheimer freute sich auf ein „Versehrten-Treffen" und widersprach, wenn jemand im sentimentalen Überschwang anmerkte, die Feste früher seien besser gewesen. „Früher – das ist lange her", war sein Spruch, mit dem er Vergleiche im Keim erstickte. Es fiel auf, wie viele Frauen der einst stadtbekannte DJ bereits am ersten Donnerstag seiner Adventsreihe in den Königsbau gelockt hatte. Zwei gut gelaunte Freundinnen – ihr Alter war schwer zu erraten, aber sowieso egal – wippten bereits, als sie vergnügt die Treppe hoch in den ersten Stock stiegen, in dem Uwe, der immer grinst, wenn man ihn „Legende" nennt, Hits von Earth, Wind & Fire und Kool and The Gang so raffiniert ineinanderspielte, als seien sie eins.

Der Charmeur, der mit Schalk im Nacken ein bisschen an Heinz Erhardt erinnert, fand dabei noch Zeit, sich um seine Gäste zu kümmern. Er stellte uns den beiden Freundinnen vor, mit denen wir uns auf Anhieb verstanden, als würden wir sie lange kennen. Bei Hymnen unserer Jugend lächelten wir uns wissend an, wie dies Menschen tun, die eine gemeinsame Vergangenheit eint.

Wir hatten Spaß, rätselten über Stücke, die liefen („Ist das Electric Light Orchestra?" – „Nein, das klingt nur so"), tanzten, schauten nach draußen auf den Weihnachtsglanz und fühlten uns gut. Eine der Freundinnen – nennen wir sie Kathrin – versuchte, ihren Mann übers Handy anzurufen. Er sei in der Stadt unterwegs. Kathrin wollte ihm vom tollen Fest berichten, auf dass er auch vorbeischauen und mitfeiern möge. Doch er ging nicht ran. Beim nächsten Mal, so verabschiedeten wir uns in bester Stimmung, nicht

zu spät, wie das in unserem Alter üblich ist, würden wir uns beim Adventstanzen in der Königsbau-Suite mit ihrem Mann sehen. Es sollte kein nächstes Mal geben.

Fünf Tage nach unserem Kennenlernen war die lustige Kathrin tot.

Das Unbegreifliche erfuhr Sontheimer im Internet. Auf Kathrins Facebook-Seite stand mehrfach „R.I.P.", von Freunden gepostet. Kathrin war daheim an einer Herzkrankheit gestorben, an der sie schon lange litt, was man ihr aber nicht angesehen hat. Ihr Herz hatte einfach aufgehört zu schlagen. Von hundert auf null – die lebensfrohe Kathrin, die nächstes Jahr 50 geworden wäre, war ausgebremst worden. „Je schöner und voller die Erinnerung, desto schwerer ist die Trennung", schrieb die Freundin, die mit ihr im Königsbau getanzt hatte, auf der Facebook-Seite.

Die Dankbarkeit verwandele die Erinnerung aber in „stille Freude".

Jetzt sagte Sontheimer: „Ihr Kinderlein, kommet trotzdem." Wir wollten nicht an seiner nächsten Donnerstagsparty teilnehmen, weil uns Kathrins Tod so nahe gegangen war – der Tod einer Frau, die wir gar nicht richtig kannten. Wir hatten nur zwei schöne Stunden miteinander verbracht. Doch der DJ der guten Laune überredete uns, trotzdem bei ihm zu feiern. „Man muss sein Leben leben, solange man es hat", meinte er. Keiner wisse, wie lange es noch gehe. Kathrin, die angeblich von ihrem nahenden Tod wusste, habe uns ein Beispiel dafür gegeben. Sie war gut drauf bis zum Schluss.

Fühlen sich die Menschen am besten, wenn sie feiern und vergessen können, dass alles schon sehr bald vorbei sein kann? Wenn sie aus dem Alltag ausbrechen, wenn Normen, Regeln, beruflicher Stress für eine gewisse Zeit außer Kraft gesetzt werden?

Feiern ist wichtig für die seelische Gesundheit eines Menschen. Wir sind auf die Gemeinschaft angelegt. Wir können nicht immer allein sein oder nur mit unserem Partner, sondern brauchen die Gruppe, die Vielstimmigkeit, die Kommunikation.

Auf die besten Feste muss man warten – auf die eigene Hochzeit oder auf den Weltmeistertitel seiner Mannschaft. Im Sommermärchen von 2006, lange vorm vierten Stern, hat Stuttgart gezeigt, wie man weltmeisterlich feiert. In der jubelnden Stadt hätte man glauben können, bei der Fußball-WM sei der dritte Platz das Größte und der Titel gar nix.

Und es gibt Feste, von denen man noch jahrelang spricht, auch wenn man nichts gesehen hat. Bei der Sonnenfinsternis im August 1999 galt Stuttgart als Sofi-Hauptstadt. Tausende Menschen mit sonderbaren Brillen feierten auf dem Schlossplatz, auch wenn im entscheidenden Moment Wolken das Himmelsschauspiel verdeckten.

Viele Jahre später haben wir durch die großen Fenster der Königsbau-Suite auf den weihnachtlichen Glanz des Schlossplatzes geschaut. DJ Uwe Sontheimer lieferte den Sound zur Discokugel, zum nostalgischen Wohlgefühl. Kathrin, die gut gelaunte Tänzerin, freute sich über den Weihnachtsbaum draußen. Nie zuvor hat er so kitschig und so weit in den Nachthimmel hinauf geleuchtet.

Wir sprachen über frühere Besuche in der Boa, über gemeinsame Facebook-Freunde und amüsierten uns über den älteren Herrn, der versuchte, Kathrin und ihre Freundin an seinen Tisch zu lotsen. Kathrin blieb lieber bei uns am Fenster sitzen. Ihre Freundin wollte wissen, was ich arbeite. „Wenn du Journalist bist, was schreibst du über diesen Abend?", fragte sie. Meine Antwort lautete, ich sei nicht im Dienst hier und werde nichts darüber schreiben.

Keiner in unserer Runde konnte ahnen, dass es anders kommen sollte.

Zweieinhalb Wochen später berichtete Uwe Sontheimer von Kathrins Beerdigung. Sie habe alles vorbereitet. Es lief die Musik, die sie selbst ausgesucht hatte, und jeder unterschrieb auf dem Sarg, wie man früher auf dem Gipsarm unterschrieben hat. „Weint nicht, weil es vorbei ist", stand in der Traueranzeige, „lacht, weil es schön war."
Dass wir leben, ist schön.

Und immer ein Grund zum Feiern.

Das amerikanische Toupet

Es war nicht schwer, die Typen der Münchner Sportlerclique zu erkennen, die zur Laden-Eröffnung von Bogner in unserem Weltstädtle Stuttgart einfielen. Dabei entsprachen sie so wenig dem Klischee, wie wir Schwaben immerzu mit der Kehrwochenschaufel rumlaufen. Nach bayerischer Schickeria sahen die angereisten VIPs nicht aus. Kein Bussi-Bussi hier, kein Bussi-Bussi da. Keine Schampus schlürfenden Abkömmlinge von Baby Schimmerlos, wie wir sie aus Helmut-Dietl-Filmen und der Klatschspalte der Münchner Abendzeitung kennen. Nein, die waren ziemlich cool, die Kerle mit dem Käppi.

„Mütze auf, fertig, das geht am schnellsten", antwortete Neureuther, als ich ihn fragte, ob das Käppi-Tragen ein Modetrend aus dem Hause Bogner sei. Er wolle mit dem Stylen seiner Haare keine unnötige Zeit im Badezimmer verschwenden, sagte der Olympiateilnehmer. Bequem sei's ihm am liebsten, auf dem Sofa daheim wie auf dem roten Teppich. In Stuttgart trug er eine Art edle Trainingshose, dazu waren die Schnürsenkel seiner Schuhe unverschnürt.

Stimmt nicht, dass man hierzulande den Trend verpennt hat. Der Stuttgarter Magier Topas alias Thomas Fröschle trägt mit Vorliebe ein Käppi, das er „amerikanisches Toupet" nennt. Glatze, sagt er, ist nicht gut. Haare reinpflanzen, das tue weh. Und ein Fiffi gehe gar nicht.

Warum man zu einem Toupet Fiffi sagt? Wenn es auf den Boden fällt, sieht es aus wie ein haariges Hundchen. Des-

halb empfiehlt es sich, Toupets festzukleben. Ein Käppi dagegen muss man nicht ankleben. Bei Bogner kostet die „Herren Baseball Cap PIT" mit dem B vorne drauf 59,95 Euro. Ist kein Schnäppchen, dafür, dass man als Bogner-Werbefläche rumläuft. Sosehr die Münchner mit ihrem lässigen Auftreten in Stuttgart die Schiki-Klischees über sie widerlegt haben, so wenig glaubt Willy Bogner an Schwabenvorurteile. Wären die Stuttgarter so geizig, wie man ihnen nachsagt, würde sich sein exklusives Geschäft hier nicht lohnen. Und er könnte sich ein amerikanisches Toupet nur für ein Euro neunundneunzig leisten.

Designer Willy Bogner (links) und Ski-Star Felix Neureuther im Stuttgarter Bogner-Shop an der Königstraße.

Das Juwel von Stuttgart

Blumen sind – um es freundlich zu sagen – nicht gerade das, wovon eine Frau wie Laura Halding-Hoppenheit träumt. In Wahrheit hasst die Trägerin des Bundesverdienstkreuzes, die Queen des Kings Club, die Kämpferin gegen Aids und die fraktionsübergreifend geschätzte Linken-Stadträtin, florale Präsente. Sascha Diener, Chef des Stuttgarter Cinemaxx-Kinos, konnte dies nicht wissen. Zur Premiere des Films „Laura – Das Juwel von Stuttgart" von Rosa von Praunheim überreichte er der roten Diva, deren Lieblingswort „Horrrror" mit ganz vielen „r" ist, einen nicht gerade billigen Strauß.

Die Geehrte wedelte damit kurz für die Fotografen, um die Blumen postwendend dem Absender zurückzuschenken.

Seine Kollegen, meinte Sascha Diener lächelnd, würden sich bestimmt darüber freuen.

Laura, wie sie von allen nur mit dem Vornamen genannt wird, will lieber Ideen verbreiten als Blumen gießen. Und fürs Bügeln ist sie ebenso wenig geschaffen. Ihr Credo gegen die Ehe lautet: „Ich habe so viele Männer – warum sollte ich einem Trottel daheim die Hemden bügeln?"

Als „Mutter der Schwulen" ist ihre Familie riesig. In einer Familie darf man deutliche Worte sagen. Rosa von Praunheim sei eine „Mimose", rief sie zur Begrüßung im überfüllten Kinosaal (Zuschauer saßen auch auf der Treppe) ins Mikro. Am Morgen habe der Regisseur angerufen, um

ihr mitzuteilen, dass er 40 Grad Fieber habe und nicht zur Premiere kommen könne. „Was soll das?", fragte sie, „ich arbeite auch bei 40 Grad Fieber." Aber so seien Männer halt – Weicheier!

Als endlich der Film laufen sollte, passierte nichts. Im dunklen Saal blieb die Leinwand dunkel – für sechs lange Minuten. Der Cinemaxx-Chef hatte versäumt, dem Kino-vorführer das Zeichen zum Start zu geben. Als er ihn per Handy anrief, stand dieser draußen auf der Feuertreppe und stürzte in der Eile auch noch.

Der Saal blieb dunkel, in den jemand hineinrief: „Laura, so einen großen Darkroom hattest du noch nie!" Schallendes

Gelächter. Gute Stimmung am Welt-Aids-Tag, den sich die gebürtige Rumänin für die Premiere ausgesucht hatte.

In welchem Darkroom und in welcher Finsternis des Lebens auch immer – stets gilt es, Vorsicht zu wahren. Die Aids-Gefahr ist nicht gebannt, auch wenn die Krankheit aus dem öffentlichen Bewusstsein verschwunden scheint.

Als Anfang der 1980er die Aids-Angst erschreckende Ausmaße annahm, wandelte sich Laura von der exotisch-flippigen Schwulenfreundin zur politischen Aktivistin. Bei ihr im Kings Club ist Aids drastisch buchstabiert worden: „Ab in den Sarg!" Es sind keine schöne Erinnerungen an die Zeiten der Intoleranz und der Angst.

In dem Film spricht die Wirtin offen über ihren ersten Sex mit 17, erwähnt eine Abtreibung als Studentin, erzählt, wie sie für einen schwulen Mann die erste und letzte Frau war – nur bei einem Thema blockt sie ganz entschieden ab. Ihr Alter ist tabu!

„Wenn der Rosa in dem Film mein Alter genannt hätte, wäre er jetzt tot", sagt die gebürtige Rumänin, deren rote Haare für Stuttgart das sind, was Udo Lindenbergs Hut für die Nation ist: ein Statement.

Erst zum 100. Geburtstag will die schwäbische Rumänin herausrücken mit ihrem Alter. Bis dahin, also etwa in 40 bis 50 Jahren, wird es noch viele Gelegenheiten zum Feiern geben. Blumen können wir uns bei ihr allerdings schenken.

Wirtin Laura Halding-Hoppenheit (Mitte) mit
den Entertainerinnen Lilo Wanders (links) und Romy Haag.

Trolls Stadt

„Die Basis des Optimismus ist schiere Furcht", hat Oscar Wilde gesagt, der, nach allem, was wir wissen, Stuttgart nicht persönlich kannte, schon gar nicht die Stadt am Ende der 1960er-Jahre. Furchtlos bin ich in einem Buch aus dem Jahr 1969 mit dem schlichten Titel „Stuttgart" auf folgenden Satz gestoßen: „Vergnügtes Stuttgart – das ist eine arg optimistische Formulierung."

Ein Vergnügen ist es, in dem alten Bildband mit diesem Satz zu blättern. Das Cover besticht durch Verzicht. Es ist ganz in Weiß gehalten – ohne Bild. Nur drei Worte finden sich in schwarzer Schrift darauf: „Thaddäus Troll Stuttgart".

Der große Thaddäus Troll, der im März 2014 hundert geworden wäre, befasst sich in diesem Buch aus dem Belser-Verlag mit seiner nicht in allen Belangen geliebten Heimatstadt. Ein Leser hat mir dieses Buch geschenkt.

Es stammt auf den 1970ern, und man staunt, wie sich die Stadt seitdem verändert hat. Ach, wie spießig und verklemmt, wie schaffig und langweilig, wie geordnet und mit verengtem Horizont muss Stuttgart mal gewesen sein. Die Vorurteile hallen bis heute noch nach. Noch immer sehen uns viele in der Republik so, wie wir damals von einem der Unsrigen dargestellt worden sind.

Aber was heißt hier Vorurteile? Ein so herausragender Autor wie der Cannstatter Thaddäus Troll hat nicht Gemeinplatz an Gemeinplatz aneinandergefügt, sondern wortreich das Typische von Stuttgart aufgespießt, wie es damals wohl war.

Vieles hat sich seitdem geändert, doch vieles auch nicht. „Zäh sind in Stuttgart die Widerstände gegen Neuerungen", schreibt Troll, „Druck erzeugt Gegendruck, im Stadtrat, im Vorstand, in der Lokalredaktion. Das Neue, welches

Der Kleine Schlossplatz in den 1970ern.

das Alte zu überwinden trachtet, und das Alte, das sich schwäbisch zäh dem Neuen entgegenstellt." Von Stuttgart 21 kann der Autor nichts gewusst haben. Er meint den Kleinen Schlossplatz. „Dieser Platz braucht sicher noch ein paar Jahre fremden Lobs", steht in dem Buch, „bevor er von der Bevölkerung mit schwäbischem Stolz angenommen wird."

Das Wort Ländle mochte Troll nicht. „Das angehängte Diminutiv le", schreibt er, „zieht das Erhabene ins Lächerliche." Stuttgarter seien „eher rechtschaffen als kurzweilig, eher isolierend als gesellig". Das Vergnügen kapsele sich in dieser „soliden Stadt der Frühaufsteher" ab. Troll kommt zu dem Schluss: „Stuttgart ist hählinge lustig", also nur heimlich amüsant. Aber immerhin! Man muss halt nur richtig hinschauen!

Die Basis des Optimismus ist schiere Furcht. Nicht mal Thaddäus Troll, der sich 1980 das Leben genommen hat, hätte sich davor fürchten müssen, dass man sich heute über seine Beschreibung der Stuttgarter Bohnerwachs-Verhältnisse amüsiert.

Es darf ja auch was besser werden in über vier Jahrzehnten! Dazu hat einer wie Thaddäus Troll mit seiner bissigen Kritik beigetragen. Oft hören wir, dass die Stadt als Baustellenmetropole ihr Gesicht laufend verändert. Aber auch in den Köpfen der Bewohner muss sich einiges getan haben. Schwäbischer Stolz mag sich weiterentwickelt haben. Das hiesige Vergnügen auch. Aber auch ein internationales Gefühl ist entstanden. Wir haben also Grund für Optimismus.

Ein großer Schwabe: der 1980 verstorbene Schriftsteller Thaddäus Troll.

Schenkt faire Kondome, keine rote Rosen

Liebe Leserinnen, liebe Leser, liebe Helden! Es reicht schon lange nicht mehr, sich in weiche Kinopolster zurückzulehnen und Draufgänger wie James Bond voller Ehrfurcht zu bewundern. Nein, jeder von uns muss über sich hinauswachsen. Jetzt kommt's auf jeden einzelnen an.

Und deshalb sei Ihnen gestattet, dieses Buch nicht bis zum Ende zu lesen – weil Sie zwischendurch was Wichtiges erledigen müssen. Machen Sie es wie Tim Bendzko! Retten Sie kurz noch die Welt, ehe Sie wieder Ihre Nase in dieses Buch stecken.

Beim Checken meiner 148 Mails fiel mir kürzlich auf, dass ich einen wichtigen Rettertermin versäumt habe – den Heldenmarkt. In der Alten Kelter in Fellbach war „Shopping für Weltverbesserer". Zwei Berliner haben den Heldenmarkt, in dem Waren fair und ökologisch hilfreich gehandelt werden, zur Marke gemacht. Und die wird zur Erfolgsmarke in vielen deutschen Städten.

Heldenmarkt! Das klingt gut, wie ich finde, weil da dieses Was-bist-du-mir-für-ein-Held mitschwingt, also Ironie, Lockerheit und nicht so verkrampfte Nachhaltigkeitsschwüre. Auf einem Heldenmarkt schnallt man sich Gürtel aus Fahrradreifen um, trinkt Bio-Bier und trägt Turnschuhe aus recyceltem Material. Wir wissen, dass wir der Liebsten keinen Rosenstrauß für 1,99 Euro kaufen dürfen (fair gehandelt müsste der Preis viel höher sein), sondern CO_2-neutral produzierte Kondome aus Fair-Trade-Kautschuk. Kleine Schritte für uns, große Schritte für die Gemeinschaft?

Jeder Konzern hält inzwischen das Modewort „nachhaltig" auf seiner Homepage und in der Werbung hoch und sei es nur, um von eigenen Umweltsauereien abzulenken. „Nachhaltig", das hört sich halt an nach: „Wir machen weiter wie bisher, aber alles viel netter." Da sind mir Helden lieber, die sich ein bisschen lustig über sich selbst machen, aber doch was tun.

Von Herkules bis Superman, von Jeanne d'Arc bis Lara Croft – jede Epoche macht ihre Helden. Und in der Euro- und Klimakrise müssen wir alle ein bisschen Hero sein. Die Zeit ist reif, um Helden zu zeugen. Und wer dazu nicht in der Lage ist oder es gar nicht will, kann wenigstens einen Heldenmarkt besuchen und an Weihnachten nur Dinge verschenken, die das Etikett „weltverbessernd" tragen.

Fühl dich gut für den Augenblick! Mir ist's neulich gelungen, trotz eines Missgeschicks im Stuttgarter Westen. Beim Einparken am Feuersee hatte ich mit der Anhängerkupplung meines Autos das Fahrzeug hinter mir leicht touchiert. Ich entschuldigte mich mit einem Zettel, den ich samt meiner Telefonnummer hinter den Scheibenwischer des beschädigten Wagens befestigte. Zwei Tage später rief der Autobesitzer an und sagte, wie toll ich sei. Das sei heute gar nicht mehr selbstverständlich, dass man bei so einem geringen Schaden die Verantwortung übernehme. Lediglich das Kennzeichen war lädiert, weshalb die

Werkstatt des Geschädigten eine Rechnung von 28,58 Euro schrieb. Das Geld habe ich überwiesen und bekam per E-Mail lobende Worte für mein heldenhaftes, weil ungewohnt verantwortungsbewusstes Verhalten. Wie sich herausstellte, war ich auf das Auto des früheren Landesgeschäftsführers der Grünen Baden-Württemberg gestoßen. Aber das tut eigentlich nichts zur Sache. Höchstens wenn man bedenkt, dass der Gute mich nur dann zum Helden hätte erklären dürfen, wäre ich mit der S-Bahn und nicht mit dem Auto in die Stadt gefahren.

Aber es ist ein weiter Weg, bis wir nachahmenswert, fehlerfrei, makellos und untadelig leben. Man sollte sofort damit beginnen.

Liebe Leserinnen, liebe Leser, liebe Helden, Sie lesen ja doch weiter in diesem Buch. Ich hoffe, Sie haben aber zwischendurch die Welt gerettet.

Blümchen-Journalismus

„Büro München-West". Ja, aufmerksame Leser dieses Buches wissen es. So heißt bei der geschätzten Süddeutschen Zeitung redaktionsintern der nicht so begehrte Außenposten in Stuttgart. Bayern kommen halt nur ungern aus Bayern raus. Dabei werden Sieger ganz woanders gemacht. Etwa spät in der Nacht in schräger Lage in einem schwäbischen Clubkeller. Hat jeder Schreiber die Leser, die er verdient?

Die Kollegen Roman Deininger und Max Hägler – ihre bayerische Zentralredaktion hat sie als Stuttgart-Korrespondenten nach München-West verbannt – haben den Arsch mit Ohren gleich zweimal geholt. Und wie dieser Arsch glänzt! Es ist die Trophäe, die seit dem Jahr 2012, seit der Premiere im Club Schräglage, beim Stuttgarter Hate-Slam verliehen wird.

Hate-Slam nennt sich, womit Journalisten ihre geschundenen Reporterseelen auf offener Bühne selbst therapieren.

Sie lesen Beschimpfungen vor, die sie in Form von Leserbriefen erhalten haben.

Haben die beiden Münchner Herren im Wettstreit mit Stuttgarter Journalistenkollegen diesen Preis überhaupt verdient? Im Grunde gebührt der beste Arsch mit Ohren jenen unerschrockenen und meinungsstarken Lesern, die solch schöne Sätze zu Papier bringen wie: „Sie Schreiberlein, Sie Wurm, Sie ehemaliger Schülerzeitungsredakteur – bei Ihnen werde ich hasskrank!" Die SZ-Leser prangerten „Blümchen-Journalismus" an und einen „von keinerlei Sachkenntnis geprägten Hochmut". Das ist großes Wortkino! Da nahm es auch das zahlreich erschienene Stuttgarter Publikum hin, dass die Korrespondenten aus dem Büro München-West auf der offenen Bühne eines DJ-Pults sich lustig machten über schwäbische Eigenarten und auf die Buhrufe, die folgten, ihr Publikum „liebe Wutschwaben" nannten. Brav in der Schlange hatten Hunderte dieser Wutschwaben auf Einlass in die

Journalisten der „Süddeutschen Zeitung", der „Stuttgarter Nachrichten" und des Stadtmagazins „Lift" beim Hate-Slam.

„Schräglage" gewartet. Beim Rathaus war die Fußgänger-zone Hirschstraße nach 20 Uhr für längere Zeit blockiert.

Es war nicht das nahe Dreifarbenhaus, das lockte. Es waren die Wutausbrüche von zornigen Lesern, deren Ergüsse von sechs Journalisten in drei Teams anonymisiert vorge-tragen wurden in Kategorien wie „der böseste Leserbrief", „der lustigste Leserbrief" und „die größte Beschimpfung". Mein Kollege Hilmar Pfister hatte die Idee, den schon in Berlin und Augsburg so beliebten Hate-Slam nach Stutt-gart zu holen. Das erfreut auch einen Mittfünfziger wie Co-median Michael Gaedt, der das Spektakel mit Publikums-bewertung so gut wie schon lange nicht mehr moderiert hat. Der Mann stammt aus einer Zeit, als noch jeder mit Zeitungspapier rascheln wollte. „Da wird immer wieder vom Niedergang der Printmedien gesprochen", bemerkte Gaedt, „und dann drücken die Jungen hier so massenhaft rein, dass wir oben zuschließen müssen und die Veranstal-tung wegen des großen Erfolgs fast ausfällt."

Jeder Journalist weiß, wie leicht es fällt, Verrisse zu schreiben – und wie hart es ist, selbst kritisiert zu wer-den. Leser müssen ernst genommen werden, keine Frage. Denn sie sind die Kunden, die wir bedienen. Wenn wir uns über sie lustig machen, werden wir sie verlieren. Aber andererseits: Ein Journalist, der es allen recht machen will, kann langweilig werden, er könnte dann nicht seinen Wächterpflichten nachkommen. Deshalb ist es gut, wenn man hin und wieder Proteste aus der Leserschaft erntet. Als ich mich kürzlich über den Auftritt eines Stuttgarter Bordellbesitzers in einer Talkshow lustig machte, schrieb mir eine Leserin, ich sei ja nur neidisch, weil ich nicht so charismatisch und gut aussehend sei wie jener Mann aus der Rotlichtbranche. Genau! Umgehend schrieb ich der Leserin zurück und gab ihr in allen Punkten recht. Mit dem wenigen Charisma könnt' ich leben.

Ach, ihr Würmer, was pinselt ihr da hin! „Lassen Sie es", schlug eine Leserin dem Kollegen Hägler von der Süddeutschen vor, „und bieten Sie Töpferkurse an". Eine andere Leserin forderte die Chefredaktion auf, niemals mehr von Stuttgart-Tipps des Herrn Deininger behelligt zu werden. Niemals werde sie ihm verraten, wo es bei uns den besten Rostbraten der Stadt gibt. Womöglich werde sie sonst noch das Schreiberlein hier antreffen, diesen ehemaligen Schülerzeitungsredakteur. Jajaja, Leser haben recht, lautet das erste Gesetz einer Zeitungsredaktion. Und zwar immer, lautet das zweite. Beim nächsten Hate-Slam werden die Sieger Deininger und Hägler, so fürchte ich, leider nicht mehr antreten können, wenn sie mit ihrem Blümchen-Journalismus so weitermachen. Aber wir besuchen dann einen ihrer Töpferkurse.

Schöne Grüße an die Zukunft

Werden die Stuttgarter, sagen wir mal, in 150 Jahren wissen, dass ihre Urgroßväter und Ururgroßmütter nicht nur den Tunnelblick hatten, wenn sie noch oben mit dem Zug in die Stadt gefahren sind? „Die Welt ist groß, besonders von oben", hatte Wilhelm Busch erkannt, ehe sich Abgründe auftaten. Oder wird in 150 Jahren keiner mehr mit der Bahn anreisen, weil jeder mit Fluggeräten fröhlich durch die Lüfte düst? Wäre die Zukunft bekannt, müssten wir sie nicht mit Traumdrohnen erkunden. Selbst mit dem Wissen, was kommt, ließen sich Fehler der Vergangenheit kaum korrigieren.

Was also werden die Menschen in 150 Jahren denken, wenn sie auf einen Bildband stoßen, den Mitarbeiter des städtischen Kulturamtes in Kürze aus etwa 1000 eingesandten Fotos der Aktion Mein Stuttgart 2014 – #stgt2014 zusammenstellen?

Im November 2014 ist der Grundstein für das Stadtmuseum im Wilhelmspalais gelegt worden. Nach alter Väter und Mütter Sitte sollen der Nachwelt Dokumente gesichert werden. Schöne Grüße an die Zukunft! Nicht nur die Stuttgarter Zeitungen vom Tage wurden versenkt, sondern auch viele Fotos von Stuttgartern. Keine CD mit den Bilddaten der Fotoaktion von 2014 kam in den Grundstein, sondern ein Band mit ausgedruckten Fotos.

Werden so was die späteren Generationen kennen? Fotos, die man in die Hand nehmen kann? Oder werden die Menschen eine Art Brille tragen, die auf Knopfdruck Bildergalerien vor dem Auge aufblättert? In 150 Jahren kann so viel Unvorstellbares passieren.

Das wird klar, wenn man ein Buch anschaut, das 150 Jahre alt ist. Manfred Dayss, der über Jahrzehnte ein schwäbisches Orient-Teppichhaus an der Calwer Straße führte, hat mir das Stuttgarter Adressbuch von 1867 geschickt – es ist ein Schatz, den er aus einem Antiquariat fischte. Auf den bräunlichen Seiten, die zerbrechlich wirken, breitet sich von A bis Z die Bürgerschaft einer vom König dominierten Stadt aus – vom Oberzoll-Inspektor Abegg, A. bis zum Weingärtner Zimmermann, A. Im Verzeichnis der „Geschäfts- und Gewerbetreibenden" gibt es (normale) Ärzte, aber auch Wundärzte und Armenärzte. Längst sind viele Berufe ausgestorben. Fast endlos ist die Liste der Pferdekutscher.

Was von dem, was heute normal ist, braucht man in 150 Jahren nicht mehr?

Die Stuttgart-Bilder, die bei der Aktion des Stadtmuseums eingegangen sind, zeichnen das bunte Bild einer Stadt,

Sign here

Das Autogrammfenster in der Bar des Bahnhofshotels Intercity.

deren Hanglage einzigartig ist, in der es aber auch tiefe Abstürze im Streit gibt, wie die Motive zu Stuttgart 21 zeigen. Was Markus Speidel, der #stgt2014 fürs Stadtmuseum betreut, aufgefallen ist: „Nur wenige Ansichten der bekannten Sehenswürdigkeiten sind darunter." Also wenig Fernsehturm, dafür umso mehr Stadtbibliothek.

Besonders schön: das Autogrammfenster in der Bar des Bahnhofshotels Intercity. Der Kellner Jonny hat die Autogramme in den 1950ern gesammelt, als die Prominenz mit dem Zug anreiste. Die Hotelleitung hat entschieden, dass dieses alte Fenster bleibt.

Ganz oft sehen wir Baustellen. Das heutige Stuttgart ist eine Stadt hinter Zäunen, die nicht richtig zu erkennen ist. Wann ist die Stadt wieder da, wann sind die Baustellen weg? Die Menschen werden's wissen, wenn für sie Gegenwart ist, was für uns als Zukunft noch sehr vage erscheint. Die Welt ist groß, wenn sie bis dahin keiner versenkt.

BILDNACHWEIS

Seite 13: Stage Entertainment
Seite 15: Thomas Hörner
Seite 17: Martin Wahler
Seite 21: Mußler
Seite 23: CSD e.V. Stuttgart
Seite 25: Berti Kiolbassa
Seite 26: Youtube.com / DerBasston
Seite 31: Toto-Lotto
Seite 35: Privatarchiv Chez Uli
Seite 41: Manuel Kloker
Seite 44: Stauzeitung
Seite 47: Manuel Kloker
Seite 49: Manuel Kloker
Seite 53: Milaneo
Seite 55: Verein Deutsche Sprache
Seite 59: Camino-Filmverleih
Seite 62: © LANG-FILM Medienproduktion / www.aeffleundpferdle.de
Seite 69: StN-Archiv, Leif Piechowski
Seite 72/73: Manuel Kloker
Seite 79: Manuel Kloker
Seite 83/85: Friedrichsbau Varieté
Seite 89: Manuel Kloker
Seite 91: links: Uwe Bogen
Seite 91: rechts: Silvie Brucklacher-Gunzenhäußer
Seite 93: Jürgen Leippert
Seite 95: Banani
Seite 99: Uwe Bogen
Seite 103: Gaby Hauptmann
Seite 105/107: Uwe Sontheimer
Seit 109: StN-Archiv, Max Kovalenko
Seite 113: Christian Hass
Seite 115: StN-Archiv, Uli Kraufmann
Seite 117: StN-Archiv
Seite 121: Hilmar Pfister
Seite 125/126: Stadtmuseum

Die übrigen Abbildungen stammen aus den Archiven des Autors und des Verlags. Der Verlag hat sich um die Beachtung der gesetzlichen Vorschriften bezüglich des Copyrights bemüht. Wer darüber hinaus noch annimmt, Ansprüche geltend machen zu können, wird gebeten, sich an den Verlag zu wenden.

Chr. Belser Gesellschaft für Verlagsgeschäfte GmbH & Co. KG
Pfizerstrasse 5-7, D-70184 Stuttgart
Amtsgericht Stuttgart HRA 10 066
USt-Ident-Nr.: DE 1475 0 33 95

Uwe Bogen ist gebürtiger Stuttgarter. Als langjähriger Kolumnist und Redakteur der Stuttgarter Nachrichten ist er mit unterhaltsamen wie geistreichen Texten ein Chronist der schwäbischen Seele. Bisher hat er elf Bücher verfasst, darunter drei Romane.

Manuel Kloker ist Designer und Illustrator. Geboren im Schwarzwald, ist er zum Stuttgart-Fan geworden, seit er hier selbstständig für mehrere Unternehmen arbeitet. In der Design-Szene sorgte er mit einem schaukelnden Bett Private Cloud® für Aufsehen.